Helmut Seitz
Ernst Hürlimann
Ich sag's wie's ist

Helmut Seitz

D1619944

Helmut Seitz

Ich sag's wie's ist

Heitere Reime
auf eine ungereimte Welt
illustriert von

Ernst Hürlimann

Ehrenwirth

CIP-Kurztitelaufnahme der Deutschen Bibliothek

Seitz, Helmut:

Ich sag's wie's ist: heitere Reime auf e. ungereimte Welt / Helmut Seitz. Ill. von Ernst Hürlimann. – München: Ehrenwirth, 1981
ISBN 3-431-02346-0

ISBN 3-431-02346-0
© 1981 by Franz Ehrenwirth Verlag GmbH & Co. KG, München
Umschlag: Ernst Hürlimann / Monika Plenk, München
Druck: Druckerei Manz AG, Dillingen/Do.
Printed in Germany 1981

Querbeet durchs Jahr –
Von Januar bis Neinuar

Januar? – Neinuar!

Der Neinuar

Warum – das war mir nie ganz klar –
heißt dieser Monat Ja-nuar?
Wem fällt es leicht, zu seinen Tagen
aus vollem Herzen Ja zu sagen?
Denn: Dunkel, grisegrau und naß
und auch noch kalt – wer mag denn das?
Kaum jemand sagt dazu wohl Ja.
Für Frost und Frust gibt's kein Hurra,
und wenn's dich friert durch Mark und Bein,
dann sagst du eher: Danke nein!
Aus diesem Grund liegt's auf der Hand:
Der Januar ist falsch benannt.
Man nenne diesen Teil vom Jahr
drum künftig lieber Neinuar!

Mit den besten Wünschen

Wir wünschen lieben Onkeln sowie Tanten
postalisch jetzt ein gutes neues Jahr,
beschicken auch die übrigen Verwandten,
die Freunde und die sonstigen Bekannten,
wie's eben schon seit jeher üblich war.

Auch wir erhalten massig solche Karten
aus Nord und Süd sowie aus West und Ost,
und oft auch solche, die wir nicht erwarten –
dann muß man schleunigst zur Revanche starten.
Ob jemand sich darüber freut? Na klar: Die Post!

Mit den besten Wünschen

Ein neues Jahr

Ein neues Jahr. Ein neues Leben?
Mensch, mach' dir keine Illusion –
du bleibst ja doch am Alten kleben.
Ein neues Jahr: Was heißt das schon?

Ein neues Jahr. Auch neue Zeiten?
Wohl kaum – die hängen nicht am Jahr.
Nie wechseln die Gegebenheiten,
bloß weil ein Jahreswechsel war.

Ein neues Jahr. Und neue Sorgen?
Schon möglich, aber denk' daran:
Jahrein-jahraus fängt jeder Morgen
schon mit dem frühen Aufsteh'n an!

Ein neues Jahr. Auch neue Freuden?
Du mußt nur jene, die du hast,
im neuen Jahr nicht so vergeuden –
dann reichen dir die alten. Fast!

Ansprache an das Neue

Mein liebes neues Jahr,
nun hör' mir mal gut zu:
Sei friedlich – ist das klar?!–
und laß uns unsere Ruh'.

Bewahre uns vor Streit
und vor der Inflation.
Gib uns ein bißchen Zeit
und möglichst auch mehr Lohn.

Gesundheit, Glück und Spaß
und reichlich Sonnenschein:
Das reicht uns. Mehr als das
braucht gar nicht drin zu sein!

Prognose

Der gute Vorsatz ist meist schlecht zu halten.
Bald treibt man's wieder so, wie's bisher war.
Der Grund ist klar: Wir kriegen zwar mehr Falten –
jedoch ansonsten bleiben wir die Alten
samt unsern alten Fehlern – auch im neuen Jahr.

Ungeduld im Januar

Nein: So ein Winter
ist kein Sprinter.
Er zieht sich lang wie Strudelteig.
Wann er wohl weicht?
Weil's uns doch reicht!
Vom Frühling noch kein Fingerzeig!

Man könnt' auf Frost,
Matsch, Salz und Rost
schon lange gern verzichten.
Man hat genug
von diesem Spuk.
Doch kümmert's ihn mitnichten.

Nichts ist auf Dauer!
Mensch, werd' nicht sauer
und wart' nur noch ein Weilchen,
denn irgendwann
ist's trotzdem dran:
Das erste Frühjahrs-Veilchen!

Winterspeck

Das Schlimme an der Winterzeit
ist nicht nur, daß es friert und schneit
und daß die Heizung kostet
und unser Auto rostet.
Das Schlimme ist: Man hockt zu viel,
man treibt zu wenig Sport und Spiel,
man trinkt zu viel und ißt zu fett
und macht's nicht durch Bewegung wett.
Man glotzt zu viel ins Glotzophon
(noch mehr fast als im Sommer schon),
bleibt überhaupt zu viel zu Haus,
kommt leider viel zu selten raus
und tankt zu wenig Sauerstoff
(weshalb dann oft die Nase troff).
Man geht – wenn überhaupt – kaum schwimmen
und hält auch sonst nicht viel vom Trimmen,
doch um so mehr von frohen Festen,
vom Faulsein, Feiern und sich Mästen,
von Weihnachtsgans und Grog und Stollen
und vielem, was wir auch nicht sollen.
Man liegt auch länger auf dem Ohr,
gibt Ruh' und nimmt sich wenig vor.
Das alles tut man mit Genuß –
nur, daß man's später büßen muß.
Wenn's wieder Frühling wird – oh Schreck:
Dann muß der Winterspeck ja weg!

Winterspeck

Auf zum Schlußverkauf!

Jetzt gibt man's wieder mal ganz billig:
's ist Schlußverkauf (wer's noch nicht weiß).
Der Handel zeigt sich räumungswillig –
wenn's sein muß, fast um jeden Preis.

Die Kundschaft läßt auch gern sich locken,
kauft Kleider, Hosen, Hüte, Schuh'.
Nie wieder gibt's so günstig Socken!
Bei solchen Preisen greift man zu!

Da werden Weiber zu Hyänen,
da gibt es nichts, was man nicht schnappt,
da setzt es Kampf und manchmal Tränen,
wenn sich ein Schnäppchen schnell verknappt.

Da geht man auch (fast) über Leichen
und schafft sich Unterhosen an,
die bis ins Jahr zweitausend reichen –
und momentan für zwanzig Mann.

Ja, man genießt in vollen Zügen
den Kaufrausch ohne Maß und Ziel,
denn billig ist dies Volksvergnügen –
und dennoch kostet's oft zu viel.

Febru-Arie in Moll

Febru-Arie in Moll

Ach Mann, was für 'ne miese Zeit:
Bald mußt du Heizöl kaufen.
Der nächste Urlaub ist noch weit –
nichts drin von Spaß und Lustbarkeit,
und alle Nasen laufen.

Der Frühling ist nicht recht in Sicht,
der Winter nicht vergangen.
Du bist nicht ganz im Gleichgewicht,
die Seele ist nicht wasserdicht,
der Himmel grau verhangen.

Es fehlt dir arg an Schwung und Schneid,
und das nun schon seit Wochen.
Die Grippe droht jetzt weit und breit,
und auch die Frühjahrsmüdigkeit
steckt jedem in den Knochen.

Im Grund mag man den Februar
nur als Gehaltsempfänger:
Durch seine Kürze, das ist klar,
zahlt er sich aus, und zwar in bar,
denn das Gehalt reicht länger.

Ski-Latein

Die Leut', die jetzt in Urlaub waren –
Mann, sind die tüchtig skigefahren:
Den ganzen lieben Tag lang munter
per Skilift rauf – auf Brettln runter.
Na ja, man hat halt Kondition,
man kann's, und das seit langem schon,
fährt in Rekordzeit ohne Sturz
und nur in bester Haltung. Kurz:
Nach allem, was man da erfährt,
wär'n solche Sportfans Goldes wert.
Doch seltsam: Bist du selbst am Ort,
wo man ihm frönt, dem Wintersport,
so liegen da auf weichen Pfühlen
und stundenlang in Liegestühlen
zwecks Bräunung (ohne Ski) die Bleichen –
und meist sind das genau die gleichen,
die dann zu Hause, sonnenbraun,
sich – ohne zu erröten – trau'n
zu lügen, daß sie dort nur waren,
um ohne Pause skizufahren . . .

Ski-Latein

Spaß muß sein!

Wie man es nennt, ist ganz egal,
ob Fasching oder Karneval –
nur auf den Un-Sinn kommt es an:
Daß man mal echt ein Narr sein kann.
Ganz klar, im überfüllten Saal
steigt auch die Stimmung allemal.
Ein Späßchen hin – ein Späßchen her,
da legt bald keiner mehr sich quer,
da sieht man frohe Menschen schunkeln
und manche auch im Dunkeln munkeln,
und mancher läuft hier völlig voll –
auch das gehört dazu, jawoll!
Jetzt ist der Unsinn Bürgerpflicht,
wer sich da drückt – ein armer Wicht!
Und sei's auch nur durch Schnaps und Wein –
jetzt heißt das Motto: Spaß muß sein,
denn dies ist das Gebot der Zeit:
Nur Jubel, Trubel, Heiterkeit.
Das hat noch immer Spaß gemacht.
Uns nicht? Das wäre ja gelacht!

Faschings-Kommentare

Der Sanguiniker

Auf los geht's los: Nichts wie hinein –
und endlich mal ein andrer sein!
Mal toben, blödeln, jauchzen, lachen,
bedenkenlos was Dummes machen,
ganz außer sich sein vor Vergnügen
und high bis zu den letzten Zügen.
Was morgen kommt? Mir ganz egal:
Hoch Fasching, hoch der Karneval!

Der Choleriker

Mann, ist das hier gerammelt voll –
sind denn die Leute alle toll?
Wie soll man da vernünftig tanzen?
Macht Platz, ihr müden Pomeranzen.
Wasss? Fuffzig Mark 'ne Flasche Sekt?
Die ham ja 'n geistigen Defekt!
Und so was nennt sich nun ein Spaß . . .
geh mir doch weg, was soll denn das!

Der Melancholiker

Oh nein, das läßt man besser bleiben!
Ist dies die Zeit, es bunt zu treiben?
Nein, viel zu trübe sind die Tage:
Die Politik . . . die Wirtschaftslage . . .
das widerliche Drum und Dran –
wie da ein Mensch noch lachen kann?
Na meinetwegen – blödelt weiter.
Ihr werdet sehn: Das wird noch heiter!

Der Phlegmatiker

Tanzen? Nee, ich bleib' hier sitzen.
Das Gehops bringt bloß ins Schwitzen
und es strengt auch mächtig an.
Ob man hier was essen kann?
So, nu laß uns lustig sein –
schenk' mir noch 'n Gläschen ein.
Prost, mein Kind: 'n volles Glas
macht doch allemal noch Spaß!

Wo der Spaß aufhört

Ein Tusch – es wird ganz still im Saal:
Der Einzug von Prinz Karneval.
Der zieht nun seine Späßchen ab
und bringt das Narrenvolk auf Trab:
Verteilung vieler Faschingsorden!
Herr Schmidt (weil übergangen worden)
ist sauer und lacht nicht mehr mit,
und alsbald geht nach Haus' Herr Schmidt,
denn wenn man andere so verziert,
ihn selbst jedoch nicht dekoriert
beim Faschingsordenausverkauf:
Da hört sich doch der Spaß dann auf!
Und was du aus dem Vorfall lernst:
Oft nimmt man auch den Spaß sehr ernst!

Wo der Spaß aufhört

Gestern und heute

Ein Aschermittwochs-Abgesang

Gestern: Mann, war das ein Spaß!
Heute: Flau und flauer.
Gestern: Suff im Übermaß.
Heute: Ziemlich sauer.

Gestern wollt'st du närrisch sein.
Heut': Mit dir im Streite.
Gestern hatt'st du noch'n Schein –
heute bist du pleite.

Gestern war der Kopf noch klar.
Heute: Dumpfes Brausen.
Gestern: Alles wunderbar.
Heute: Kaltes Grausen.

Gestern: Laune, Leichtsinn, Sekt.
Heute: Mißbehagen.
Gestern hat dir viel geschmeckt –
heut' liegt's dir im Magen.

Gestern: Munter und gesund.
Heute desperater.
Gestern noch ein toller Hund –
heute bloß noch Kater.

Heute: Welt ein Jammertal,
nichts als Qual und Sorgen.
Doch das ändert sich total:
Schlaf' mal aus bis morgen!

Total verschnupft

Die Nase rinnt, der Blick verquollen,
das Essen schmeckt wie Heu und Stroh.
Die Mandeln sind vielleicht geschwollen,
und trotzdem mußt du ins Büro.

Du niest und schneuzt dich ohne Ende,
nur Pudding fühlst du noch im Hirn.
Du hast – pfui Teufel! – feuchte Hände
und eine glühend heiße Stirn.

Nun ja, das hat fast jeder jährlich,
da hilft kein Jammern und Gestöhn.
Es ist zwar Mist, doch ungefährlich.
Gesundheit! Na, dann niest mal schön!

Im Märzen

Im Märzen . . .

(nach einem alten Volkslied)

Im Märzen der Bauer den Traktor vorspannt
und rattert mit 100 PS übers Land.
Er pflügt automatisch und sät ebenso,
denkt gern an den Milchpreis und ist frühlingsfroh.

Im Märzen der Städter sein Ränzlein beschaut
und merkt, daß er winters zu viel reingehaut.
Da läßt er, was gut schmeckt, mit einem Mal weg,
und fastet sich runter den Wintermastspeck.

Im Märzen, da endet das Eis und der Frost,
da zeigt an den Autos sich furchtbar viel Rost.
Da wird nun gewaschen, gefummelt, poliert
und schön für den Frühling die Kutsche geziert.

Im Märzen der Skifan die Bretter wegstellt,
welchselbe für ihn halt bedeuten die Welt.
Er holt sie erst raus zu gegebener Zeit . . .
kann sein: Noch im Märzen, wenn's doch nochmal schneit!

Wieso »Frühling«?

Ach, Namen sind oft Schall und Rauch –
beim Frühling merkst du's häufig auch:
Der Frühling müßt', beim Wort genommen,
doch jedes Jahr sehr früh schon kommen.
Nur, leider kommt er in der Tat
meist eher zögernd und recht spat
und macht sich dauerhaft und früh
nur ziemlich selten mal die Müh'.
Nein, wie wir unsern Frühling kennen:
Den sollt' man besser Spätling nennen!

Wieder mal März

Die Straßen sind voll Frostaufbrüchen.
Der Kopf ist manchmal dumpf vor Schmerz.
Die Luft ist schwanger von Gerüchen.
Was in der Luft liegt? Na, der März!

Man fühlt sich heut' total zerschlagen.
Schon morgen jauchzt man himmelwärts.
Was ist bloß los in diesen Tagen?
Na gar nichts sonst: Es ist bloß März.

Es grünt so grün und täglich grüner,
und manchmal klopft dir wild das Herz.
Die Amseln keckern kühn und kühner.
Na ja – so ist das halt im März.

Die Sonne wärmt. Schon blüht ein Veilchen.
Bald eingemottet wird der Nerz.
Und Amor spitzt schon seine Pfeilchen –
kurzum: Es ist mal wieder März!

Frühlingsgeknatter

Die linden Lüfte sind erwacht,
und Mopeds aller Klassen,
die einen Winterschlaf gemacht,
die werden jetzt auf Glanz gebracht
und wieder zugelassen.

Das knattert, rattert, jault und stinkt
aus allen Auspuffröhren . . .
Wenn noch so schön die Amsel singt:
Nicht alles, was der Frühling bringt,
ist angenehm zu hören!

Schon sooo braun . . .

Jetzt laufen sie voll Stolz herum,
die Frühjahrssonnenbraunen,
und lassen sich gern rundherum
von einem bleichen Publikum
ob ihres Brauns bestaunen.

Wer da – vor Neid noch blasser – meint:
Gebirge tät sich lohnen,
der tröste sich: Oft stammt der Teint
statt aus Arosa (wie es scheint)
von heimischen Balkonen!

Schon sooo braun . . .

Kalender-Frühling

Wie jedes Jahr nach Mitte März
wird's plötzlich uns ganz warm ums Herz,
da wir die frohe Botschaft lesen:
Der Winter – aus, vorbei, gewesen!
Denn juppheidi und auch hurra:
Ab heute ist der Frühling da.
Aha!
Aha . . .?
Jawohl, da steht's doch schwarz auf weiß!
Und friert's vielleicht auch draußen Eis
und schneit's nochmal, ist's trist und grau –
na ja, das geht nicht so genau:
Der Frühling, dieser Freudenspender,
steht immerhin schon im Kalender!

Man sollte fast fasten

Der Name »Fastenzeit« besagt:
Man sollte sich enthalten.
Doch weil dies meist nicht sehr behagt,
läßt man beim Essen unverzagt
gern alles ganz beim alten.

Dabei wär's manchem recht gesund,
den Appetit zu zügeln,
um so rund um den Hosenbund
bis Ostern schnell noch ein paar Pfund
durch Fasten wegzubügeln.

Worauf man sich verlassen kann

Ob irgendwo auf dieser Welt die Bomben knallen.
Ob Börsenkurse steigen oder fallen.
Ob der Export vielleicht stagniert.
Ob unser Geld an Wert verliert.
Ob bald ein Aufschwung kommt. Und wann?
Ob's wohl noch lang so gehen kann?
Wird's besser? Bleibt's so? Wird's noch schlimmer?
Wer weiß das schon: Nur Frühling wird es immer,
solange diese miese Welt
nicht vollends auseinanderfällt.

Kroküsse

Ein Krokus leuchtet bunt aus dem Gras,
den Bienen emsig umspielen.
Was mir bei dem Anblick einfällt, ist das:
Wie sagt man denn richtig zu vielen?

Ein Krokus – die Einzahl ist sonnenklar.
Jedoch: Wie heißt's denn bei zweien?
Nach lateinischen Regeln Kroki gar?
Oder: Daß es Krokusse seien?

Gefühlsmäßig meine ich (nicht ganz gescheit),
daß man's passender sagen müsse,
und am passendsten für die Frühlingszeit
ist die Mehrzahlbildung: Kroküsse!

April-April

April-April

Dies ist die Zeit, wo zwar die Knospen sprießen
und schon recht warm die liebe Sonne lacht,
jedoch: Im nächsten Augenblick kann's wieder gießen,
und wenn's ganz dumm geht, gibt's noch Frost zur Nacht.

Dies ist die Zeit, wo Herzen höher schlagen,
denn alles neu macht der April (nicht erst der Mai),
doch andererseits glaubt man an manchen Tagen,
daß es halt leider doch noch immer Winter sei.

Dies ist die Zeit, wo alle Vögel singen
(den einen Tag – den andern sind sie wieder still).
Mal hat man Lust zu jauchzen – mal sich umzubringen.
So ist das halt um diese Zeit: April-April!

Frühe Vorfreude

Man überlegt schon jetzt: Wohin
soll man im Urlaub reisen?
Nach Dänemark? In das Tessin?
Nach Rom, Ragusa oder Wien?
Wie steht's denn mit den Preisen?

Erst nach dem Urlaub wird dir klar
(ganz gleich, wo du gewesen):
Daß eigentlich, wie jedes Jahr,
das Planen fast am schönsten war –
und das Prospekte-Lesen.

Es ist wieder Ostern

Es ist wieder mal Ostern.
Da muß man verreisen.
Da möchte man wieder mal raus aus den Städten:
Man sucht die Natur auf Straßen und Gleisen,
derweil die Bemooster'n
weltweit verjetten.

Es ist wieder mal Ostern
in deutschen Landen.
Man hört es von sämtlichen Kirchenchören:
Der Herr, so jubelt's, ist auferstanden –
und alte Damen prostern
mit Eierlikören.

Der Wirtschaftsminister schreibt
an den Osterhasen

Lieber, guter Osterhase:
Leg' den Leuten was ins Nest.
Irgendwas, ganz frei nach Nase,
für ein frohes Osterfest.

Gib den Leuten Lust zum Kaufen
und die Traute zum Konsum.
Laß es halt ein bißchen laufen
(man verlangt ja keinen Boom)!

Na, du weißt schon, was wir wollen,
also sei nicht knausrig-stur.
Greif' mal kräftig in die Vollen:
Tu was für die Konjunktur!

Oster-Gespräche

Vorher:

Na, wie steht's denn – darf man fragen:
Machen Sie an Ostern was?
Wir? Wir ham 'n neuen Wagen.
Klar, da macht das Fahren Spaß.

Bißchen Richtung Süden fahren.
Gardasee is unser Nest,
wo wir letztes Jahr schon waren.
Sie blei'm hier? Na . . . frohes Fest!

Nachher:

Mann, das war mal wieder stressig:
Bis zum Brenner nix wie Stau.
Mit Erholung ziemlich Essig.
Aber sonst war's schon 'ne Schau.

Wie war's hier? So . . . ruhig und friedlich?
Größerer Spaziergang bloß?
Na, der Mensch is unterschiedlich . . .
auf gut Deutsch: Hier war nix los.

Und bei uns? Was für 'ne Frage!
Mannomann, bin ich kaputt . . .
schrecklich: Solche Feiertage
hau'n mich immer auf'n Dutt!

Ei ei!

Ei ei, wer fummelt so im Hof?
Der Vati ist's: Er reibt wie doof
mit Polituren auf dem Lack
und bringt sein Autowrack auf Zack.

Ei ei, was rumpelt so durchs Haus?
Die Hausfrau ist's: sie mistet aus
und bringt die Wohnung voll und ganz
auf frühlingsfrohen Osterglanz.

Ei ei, jetzt macht man alles rein.
Zu Ostern muß das nämlich sein,
weil wohl der Osterhase prompt
nur in ein saubres Nestchen kommt.

Ei ei – und hat man's dann geschafft
und hat man fast mit letzter Kraft
das Heim befreit vom Winterdreck –
dann fährt man über Ostern weg.

Ei ei!

Der Rest vom (Oster-)Fest

An Ostern will der Mensch ins Grüne,
da hat er nun mal diesen Drang.
Karfreitag: Schnell ein bißchen Sühne –
und dann gleich raus und mittenmang!

Hei, die Natur ist frisch gewaschen
und so picksauber anzuschau'n –
das wird sie die paar leeren Flaschen
vom Oster-Picknick auch verdau'n.

Auch Eierschalen und Papiere
und Plastiktüten läßt man hier,
die Dosen der diversen Biere,
sowie manch' andre bunte Zier.

So viel wird da hinausgetragen,
und hinterher sieht man's ganz klar,
wie schön nach langen Wintertagen
das Osterfest im Grünen war.

Oh du herrlicher Mai

Oh du herrlicher Mai!

Die Wetterlage liegt ganz schief:
Vom grauen Himmel macht es trief.
Kaum für ein Stündchen scheint mal Sonne.
Nur wo die Heizung läuft, herrscht Wonne.
Es regnet kühl. Man hockt im Haus.
Und doch: Die Bäume schlagen aus.
Jucheißa juchei:
Oh du herrlicher Mai!

Man ist sehr blaß, fühlt sich fast krank,
holt warme Sachen aus dem Schrank
und stopft sich mangels Sonnenschein
halt Vitamintabletten rein.
Der Wind weht rauh aus Nordnordwest.
Und doch: Die Amsel baut ihr Nest.
Jucheißa juchei:
Oh du herrlicher Mai!

Ein Wonnemonat? Eher trist!
Der ganze Mai ist meistens Mist.
Für vieles, was zur Zeit uns blüht,
brauchst du ein sonniges Gemüt.
Und doch: Der Mensch hofft stark und sehr –
vielleicht kommt doch ein Hoch noch her?
Jucheißa juchei:
Oh du herrlicher Mai!

Es war im Wonnemonat Mai . . .

Es war im Wonnemonat Mai,
da ham sie sich gefunden.
Da waren sie verliebt, die zwei,
und hatten schöne Stunden.

Denn lieblich war die Maiennacht
(wie schon die Dichter schrieben)
und warm und wie dazu gemacht,
damit die Leut' sich lieben.

Der Juni kam, der Juli dann,
und alles war in Butter.
Im Winter wurd' er Ehemann,
und sie in Bälde Mutter.

Und wieder einmal blüht im Mai
der Flieder und die Lilie,
doch war'n sie jetzt schon drei, die zwei,
und also 'ne Familie.

Zwar lieben sie sich immer noch
und fühlen sich geborgen,
doch denkt sie: Was ich morgen koch'?
Er denkt an seine Sorgen.

Es ist nicht mehr wie einst im Mai
für die verliebten beiden:
Des Lebens Mai geht auch vorbei –
das läßt sich nicht vermeiden.

Zum Tag des Baumes

Warum sich Menschen ständig trauen,
selbst dickste Bäume umzuhauen,
um Platz zu schaffen durch die Hauung
für den Verkehr und die Bebauung:
Weil zwar die »Grünen« sich beschweren,
doch sich die Opfer selbst nicht wehren,
und weil die Bäume es versäumen,
sich endlich einmal aufzubäumen.
Wenn jeder Baum mit Stumpf und Stiel
im Fallen auf den Fäller fiel',
dann legte sicher baldigst kaum
ein Mensch mehr Hand an einen Baum.
Soweit der Anfang eines Traumes
zum Tag des Baumes . . .

Ein herziges Gedichtlein
zum Mütterleintäglein

Mütterlein, lieb' Mütterlein mein:
Will stets dein dankbar Kindlein sein,
will stets dir tausend Dänklein sagen
und dich in meinem Herzlein tragen.

Mütterlein, lieb' Mütterlein mein:
Ich schenk' dir ein Geschenklein klein
zu deinem Ehrentäglein fein.
Heut' sollst du unser Gästlein sein!

Mütterlein, lieb' Mütterlein mein:
Für dich ist dies Gedichtelein,
wie's einst im Lesebüchlein stand,
und wie man's stets so rührend fand.

Was sich eine Mutter wünscht

Gut: Ihr dürft mich mal verwöhnen.
Schließlich ist's ja so der Brauch,
Muttertage zu verschönen.
Und was schenken dürft ihr auch.

Eines möcht' ich gern nur sagen –
diese Bitte hätte ich,
solltet ihr nach Wünschen fragen:
Macht's nicht gar so feierlich!

Klopft nicht eingelernte Sprüche –
so was macht mich eher krank.
Helft mir alltags in der Küche –
aber faselt nichts von Dank!

Muttertags-Menü

So ist nun mal der Sachverhalt:
Den Festtag zu verschönen,
bleibt muttertags die Küche kalt,
um Mutti zu verwöhnen.

Man führt sie aus ins Restorang
und trifft dort in die Vollen:
Nichts wie Familien mittenmang,
die grad dasselbe wollen.

Erst wartet man auf einen Platz,
dann auf die Speisekarten.
Man wählt was aus – doch für die Katz':
Es heißt noch weiterwarten.

Kaum ist der Kellner, (wenn er kommt
und wenn bestellt) entwichen,
so kommt er später wieder, prompt,
und meldet: Schon gestrichen.

Na schön, man wählt was andres halt.
Und dann heißt's wieder warten.
Und wenn's dann kommt, ist's schon halb kalt
(besonders, falls im Garten).

So geht das halt am Muttertag,
wenn Väter gleich in Massen,
zu Tausenden, auf einen Schlag,
mal auswärts kochen lassen . . .

Muttertags-Menü

Am Vatertag

Am Vatertag sind viele Väter
ganz außer Rand und Band und blau.
Am Abend wird es spät und später,
und keiner fürchtet seine Frau.

Am Vatertag sind viele Männer
mal wirklich wieder frank und frei
und pflichtvergessen wie ein Penner
und sorgenlos wie einst im Mai.

Da können sie im Wirtshaus sitzen,
da dürfen sie nach Herzenslust,
da sind sie voll wie die Haubitzen
und auch recht kräftig auf der Brust.

Man sollte dies den Vätern gönnen:
Es ist ja einmal nur im Jahr,
und alles, was sie sonst kaum können,
ist deshalb doppelt wunderbar!

Schon wieder Halbzeit

Zu Pfingsten auf Reisen

Zu Pfingsten kam einstmals der Geist,
steht in der Schrift geschrieben.
Heut' wird zu Pfingsten meist verreist
und nicht zu Haus geblieben.

Man kann doch schließlich nicht zu Haus
»nur so« den Geist erwarten –
ach wo, man will und muß mal raus
und ihm entgegenstarten.

So fährt man kreuz und auch mal quer
auf arg verstopften Straßen:
Erst mühsam hin. Und wieder her
quält man sich gleichermaßen.

Doch leider bleibt besagter Geist
zu Pfingsten stets verschwunden.
Man hat, obwohl sehr weit gereist,
ihn nirgendwo gefunden . . .

Hinaus ins Grüne

Lacht uns am Sonntag mal die Sonne,
dann braust die wilde Jagd dahin.
Man fährt in Richtung Grün Kolonne,
man freut sich auf die Frischluft-Wonne –
und atmet unentwegt Benzin.

Spät kehrt man heim mit Weib und Kinden
und hat's bis nächsten Sonntag satt.
Man konnte wegen Auspuffwinden
die gute Luft partout nicht finden
(die war heut' mitten in der Stadt).

So'n Sommer

So geht das nun seit vielen Wochen:
Kaum ist die Sonne durchgebrochen,
kaum wird's mal warm und halbwegs heiter,
kommt wieder Regen und so weiter.
Teils ist's zu naß und teils zu kühl,
dann wieder mal zu feucht und schwül,
dann naht es wieder kalt und naß
von Island ohne Unterlaß.
Ob's das Azorenhoch noch schafft?
Ach nein, es hat zu wenig Kraft,
und leider hängt der Regen schwer
auch mitten überm Mittelmeer.
Doch laßt die Hoffnung noch nicht fahren:
Auch diesmal, wie in frühern Jahren –
gibt's irgendwann im Tief-Gewimmel
fünf Tage lang mal blauen Himmel
und nichts wie eitel Sonnenschein.
Das muß dann wohl der Sommer sein!

Gedanken am Sonnwendfeuer

Wie jedes Jahr: An Sankt Johann
fängt sonnwendlich der Sommer an.
Man macht ein Feuer, tanzt, singt Lieder
und wird dabei sich gar nicht klar:
Oh Mann – in einem halben Jahr . . .
da weihnachtet's schon wieder!

Ansichtskarte aus BY

Guckt mal: Auf den Hinterschrofen,
den ihr vorn im Bilde seht,
sind wir gestern raufgeloofen
(fast zwotausend, wie's da steht!).
Essen ist hier gut bis prima,
bloß das Volk verstehst du nicht,
weil man hier (liegt wohl am Klima)
immer wie beim Gurgeln spricht.
Gestern war'n wir tüchtig feiern:
Heimatabend mit viel Bier –
sind ja selbst schon Ober-Bayern,
und recht herzlich grüßen wir!

Kulturlaub

Ein halbes Dutzend Führer gelesen.
Dann selber in sämtlichen Schlössern gewesen.
Statt irgendwo sich mal faul zu aalen:
Besichtigung wichtiger Kathedralen.
Ein Kunstwerk hier und ein Bauwerk dort:
Total-Kultourismus von Ort zu Ort.
Ein Häppchen Gotik, dann wieder Barock,
Dreisterne-Sammlung von Baukunst en bloc.
Durch Kirchen aller Stile getrabt.
Viel Abendland fürs Geld gehabt.
Auch die Museen mitgenommen.
Nur niemals zu sich selbst gekommen.

Ansichtskarte aus BY

Der schwuli Juli

Der schwuli Juli

Was reimt sich auf den Monat Juli?
Fast gar nichts, denn er heißt nicht Jül.
Der Duden kennt kein Wörtchen »schwuli« –
obwohl man schwitzen muß wie'n Kuli,
ist es statt schwuli höchstens schwül.

Du läufst oft rum wie somnambuli,
das Hemd klebt dran wie angeleimt.
Du träumst bloß noch vom swimming pooli
an heißen Tagen jetzt im Juli –
der noch dazu sich nicht mal reimt!

Saudumme Bauernregeln

Regnet's im Juli ohn' Unterlaß,
so wirst du ohne Schirm sehr naß.

*

Von der Stirne rinnt der Schweiß,
scheint die Sonn' im Juli heiß.

*

Steigt in Fluß und See das Wasser,
war der Sommer wohl ein nasser.

*

Ist's im Juli kochend heiß,
lechzt der Mensch nach Bier und Eis.

*

Wenn es kurz vor'm Donner blitzt,
hast für heut' du ausgeschwitzt.

*

Dauer-Regen
bringt Schirmverkäufern Segen.

*

Sind die Hundstage schwül,
wird's im Winter wohl kühl.
Sind sie's nicht – noch schlimmer,
denn kühl wird's immer.

*

Ist der Juli heiß und trocken,
wirst du gern im Schatten hocken.

*

Wenn mehrere Leute dir pitschnaß begegnen,
dann wird es draußen wahrscheinlich regnen.

*

Wenn sonntags wirklich die Sonne scheint,
dann hat es das Wetter mal gut gemeint.

Zeugnis-Zeit

Nun ist es wieder mal so weit:
Es naht heran die Zeugnis-Zeit.
Manch' Kindlein wird mit Zagen
den Zettel heimwärts tragen.

Denn: Ist das Zeugnis wenig gut,
gerät der Papa leicht in Wut,
und für die schlechten Noten
wird allerlei verboten.

Doch nicht für lang, denn ziemlich bald
wird selbst der Dampf mal wieder kalt.
Und auch schon unterdessen
wird nichts so heiß gegessen.

Wenn du erwachsen werden mußt –
erst dann gibt's echt Zensuren-Frust:
Die Sechsen, die wir dann noch schreiben,
vergißt man nicht so schnell – die bleiben!

Zeugnis-Zeit

Grill-Groll

Die Dämmerstunde dämmert blau,
Ein Abend – südlich warm und lau.
Kein kühles Frösteln und kein Schwitzen,
grad angenehm zum Draußensitzen –
da werden Kohlen angefacht,
mit Blasebalg zur Glut gebracht,
daß alsbald Rauch gen Himmel quillt,
denn heute Abend wird gegrillt!
Es grillt der Nachbar zu der Linken,
auch der zur Rechten läßt's bald stinken,
hier riecht's nach Fisch und dort nach Schwein,
dort drüben legt man Würstchen ein,
woanders knoblaucht's auf Koteletts,
ein Ruch verschmorten Hammelfetts:
Dies alles steigt dir in die Nase,
so penetrant wie Auto-Gase.
Wohl dem, der alles dies nicht merkt,
indem er selbst am Grillrost werkt.
Wer selber nichts zum Stänkern hat,
der wird allein vom Schnuppern satt,
und mancher hat hier schon entdeckt:
Es riecht nicht alles gut, was schmeckt!

Bade-Ballade

Es lächelt der See – er ladet zum Bade.
Ei freilich, das tut er – der Tag ist ja heiß.
Nur eines ist weniger schön und sehr schade:
Daß just dieses Plätzchen an diesem Gestade
halt leider auch sonst wer zu finden weiß.

So strömen herbei die unzähligen Massen
und lagern sich heringhaft kreuz und auch quer.
Gedrängel am Ufer, Gedrängel im Nassen:
So groß ist kein See, um das alles zu fassen –
und morgen wächst hier kein Grashalm mehr.

Geplärr und Geschrei, Gedudel, Gebimmel,
Gelächter, Gerüche, Gezänk und Gestank:
So nervt dich unter dem klarblauen Himmel
ein unübersehbares Menschengewimmel
und macht dich vor lauter Erholung fast krank.

Ach Mensch, geh' doch lieber baden, wenn's regnet!
Dann hättest du ganz bestimmt deine Ruh'.
Dann wäre, weil keiner dir hier begegnet,
dein Sonntag am See mit Stille gesegnet ...
nur fehlt halt auch dir dann die Lust dazu.

10 Gebote für den Bergfreund

Erstens: Steige auf beizeiten,
weil man's früh noch besser kann.
Zweitens: Himmelherrschaftszeiten –
zieh' dir festes Schuhwerk an!!
Drittens: Laß das Jodeln bitte,
wenn du es ja doch nicht kannst.
Viertens: Acht' auf deine Schritte.
Fünftens: Füll' dir nicht den Wanst.
Sechstens: Nach der Halbzeit-Pause
nimm doch Büchsen und Papier
talwärts wieder mit nach Hause.
Siebtens: Brüll' nicht wie ein Stier!
Achtens: Laß die Blumen stehen,
doch nichts liegen, wo du sitzt.
Neuntens: Sauf' kein Bier beim Gehen,
weil du sonst bloß noch mehr schwitzt.
Zehntens: Bist du endlich droben,
sollst du nie zu froh und früh
dich als tollen Hecht gleich loben:
Runter geht's erst in die Knie!

10 Gebote für den Bergfreund

Sonnenschein in Dosen

Ach, wenn sie endlich was erfänden,
um diesen Mißstand zu beenden:
Daß Sonnenschein zu jeder Frist
sofort zu konsumieren ist.
Wie schön wär's, zeitlich ihn zu strecken,
ihn für den Winter einzuwecken
in Einmachgläsern wie Kompott.
Wär's denn nicht machbar, lieber Gott,
ihn so wie Birnen, Aprikosen
und Stachelbeeren einzudosen?
Sei's, daß man sich den Vorrat schafft
in Flaschen wie beim Apfelsaft,
sobald uns mal die Sonne lacht –
sei's, daß man es in Beuteln macht:
Das WIE wär' uns dabei egal,
hätt' man nur Sonne im Regal.
Doch leider geht da nichts. Wie schade:
Vom Sommer bleibt nur Marmelade.

Oh du lieber August(in)

Oh du lieber August(in)

Schon wieder ist's August. August?
Hat das denn jetzt schon sein gemußt?
Es war doch eben erst noch Mai –
und nun ist's wieder fast vorbei?

Schon wieder ist's August. August:
Ein letztes bißchen Sommerslust,
dann wird es wieder kühl bis kalt –
auch du, mein Lieber, fröstelst bald.

Schon wieder ist's August. August:
Genieße ihn noch ganz bewußt,
denn: Oh du lieber August(in),
auch dieser Sommer ist bald hin!

Aktiv-Urlaub

Im Urlaub sonst mal gar nichts tun,
als intensiv sich auszuruh'n,
sich auf die faule Haut zu legen,
sowie der Ruhe nur zu pflegen?
Das geht nicht mehr – das darfst du nicht:
Aktiv-Urlaub ist heute Pflicht.
Da mußt du wandern, töpfern, schnitzen,
auf Berge klimmen, trimmen, schwitzen.
Zum Höhlenforschen in Kavernen!
Mal schnell im Urlaub segeln lernen!
Wenn nicht, dann Hinterglas mal malen!
Besichtige zwölf Kathedralen,
befasse dich mit Baukunst-Stilen!
Wenn du's nicht kannst: Lern' Rommé spielen!
Mach' deinen Ferien-Führerschein,
geh' Kräuter sammeln querfeldein . . .
Kurz: Tu was! Mach was! Sei aktiv!
Wer bloß faul rumliegt, liegt heut' schief,
und nur wer werkelt, lernt und rennt,
ist up to date im Urlaubs-Trend.

In der Höchstsaison

Wer rollt noch so spät durch Nacht und Wind?
Der Einzelreiser mit Weib und Kind.
Er hält mal da und stoppt mal hier
und sucht nach einem Nachtquartier.
Ein Zimmer, sei's auch noch so schlecht –
im Notfall wär' fast alles recht.
Trotz Suchen, Fluchen, Trinkgeld, Jammer:
Man findet keine freie Kammer,
denn überall ist man komplett.
»Bedaure sehr, wir ham kein Bett!«
So geht's, will man in diesen Tagen
auf eigne Faust zu reisen wagen,
denn jetzund ist die ganze Welt
voll ausgebucht und vorbestellt.

Auch schon dagewesen?

Auch das bekannte Lieschen Müller
fuhr dieses Jahr nach Afrika.
Auch Lieschen Müller – welch ein Knüller! –
sah echte Löwen ganz von nah.
Auf der Safari
am Kilimandschari.
Aha. Na ja.

Das heißt: Vielleicht war's eher Indien?
Wer weiß das nachher so genau
und kann es auf der Karte findien?
Wer wird aus all dem Zeug noch schlau:
'ne Menge Tempel
und Visa-Stempel –
'ne tolle Schau!

Ganz ohne Rücksicht auf die Spesen:
Nun war man eben auch mal dort
und ist in Dings mal dagewesen . . .
verdammt, wie hieß denn gleich der Ort?
Na ja, ist egal –
aber phänomenal
und so fort.

Und wenn wir noch ein bißchen warten,
dann werden Müllers auf den Mond
zu einem Charterfernflug starten:

Mal sehen, ob'n Mann dort wohnt.
Paar Karten schreiben,
drei Tage bleiben –
ob sich's wohl lohnt?

Urlaubs-Knipser

Blende acht – so müßt' es gehen.
Halt dich grade! Guck nicht schief!
Dieser Marktplatz, wirst schon sehen,
ist ein herrliches Motiv.

Guck' mal dort, die Trattoria
mit dem dicken Wirt davor:
Das gibt auch'n dolles Dia:
Schieß' ich mit'm Telerohr.

Mensch, wo ist die Sonnenblende?
Was? Wieso hast du sie nicht?
Ohne die wär' ich am Ende
bei dem vielen Gegenlicht.

Guck mal, wo der Esel grade
hinter diesen Ölbaum lief . . .
ach verdammt, das reicht nicht. Schade.
Gib mal's Teleobjektiv!

Nee, so duster, wie's hier drin is,
hat das aber keinen Witz,
und bevor der Film dann hin is,
nehm' ich lieber gleich den Blitz.

Du, da mach' ich noch 'ne zweite –
das Motiv ist wirklich doll.
Ach herrje – na so'ne Pleite:
Is der Film schon wieder voll!

Urlaubs-Knipser

Fremden-Führung

Guten Tag, verehrte Dam' und Herr'n,
willkommen auf Schloß Hohen-Nebbich!
Ich zeig's und erklär's Ihnen kurz, aber gern.
Und bleiben Sie bitte am Teppich!

Als erstes der riesige Rittersaal,
wo einst die von Nebbichs hausten,
und wo sie nach jedem Turnier jedesmal
ein Vermögen versoffen und -schmausten.

Beachten Sie dort in der Ecke das Loch:
Das stammt noch von zwölfhundertsiebziech,
als dort Ritter Kuno sein Weib einst erstoch.
Ganz klar: Was sich neckt – na, das liebt sich.

Nun kommen wir in das Frauengemach
respektive den Wohnraum der Damen.
Beachten Sie bitte – man sieht's nur noch schwach –
das Gold an den Fensterrahmen.

Und jetzt noch ein Raum von besonderer Pracht
mit Bildern verschiedener Ahnen,
mit Gemälden von einer berühmten Schlacht
und siebzehn erbeuteten Fahnen.

Hier drunten im Burghof das Hofgericht,
wo sie Galgenvögel verscharrten.
Nein, fotografieren dürfen Sie nicht.
Am Eingang gibt's Ansichtskarten.

Nun schließe ich noch die Schatzkammer auf –
und bitte beisammen bleiben!
In der Burgschenke könn' Sie dann gleich darauf
Ihre Grüße nach Hause schreiben.

Das war's dann, meine Dam' und Herr'n,
und bevor Sie mich glatt danach fragen:
Vom Trinkgeld spricht man ja nicht so gern –
doch es wird auch nicht ausgeschlagen!

Urlaubs-Bilanz

3000 Kilometer gemacht.
2000 Mark ausgegeben.
1000 mal von Mücken gestochen.
 100 mal »nie wieder!« gesagt.
  50 Ansichtskarten geschrieben.
  10 Filme verknipst.
_____

 1 malig schön gewesen!
_____

Daheim ist daheim

Je weiter einer weg gewesen,
je höher seine Reisespesen,
je fremder Länder sowie Leute,
je weniger der Trip ihn reute,
je lieber er im Urlaub war,
um desto mehr wird ihm nun klar:
Auch anderswo kocht man mit Wasser.
Der Glanz der Fremde wird schnell blasser.
Auch anderswo – wird er entdecken –
ist Leben nie ein Zuckerlecken.
Wer auch auf kleine Dinge achtet
und alles dies genau betrachtet,
der wird nach noch so schönen Reisen
als Gernheimkehrer sich erweisen
und macht darauf sich diesen Reim:
Daheim ist eben doch daheim!

September-Gedanken

Gemäßigter September

Die Tage werden kühl und kühler,
mit Sonnenhitze ist's vorbei,
und öfters sind auch die Gefühler
nicht mehr so heiß wie einst im Mai . . .

Auf Wiedersehen, Sommer!

Gelegentlich will's der September nochmal zeigen,
was ein Altweibersommer ist, und was er kann:
Die Sonne kocht den Wein und alle Grillen geigen,
dieweil auf Stoppelfeldern schon die Drachen steigen.
Doch merkst du schnell: Sehr viel ist nicht mehr dran.

Die Sonne tut noch stundenlang, als schien' sie immer,
nur wird's am Nachmittag halt doch schon zeitig kühl.
Zwar: Mittags gibt's noch Sommerlichtgeflimmer,
doch das ist Bluff: Die Sonne schafft es nimmer,
und man genießt sie nur noch mit Gemischt-Gefühl.

Der Sommer ist vorbei, da hilft kein Haareraufen.
Nur Optimisten meinen noch, das sei nicht wahr.
Sei's manchmal auch noch warm: Jetzt mußt du Brennstoff
kaufen,
denn bald schon wird die teure Heizung wieder laufen.
Auf Wiedersehen, Sommer – bis zum nächsten Jahr!

Wieder alles normal

Keine Aushilfskräfte mehr, ohne Ahnung.
Kein Terminverhau mehr, ohne Planung.
Nirgendwo sind mehr Betriebe geschlossen,
gewerkelt wird wieder (fast) unverdrossen.
Was du bestellst, das wird auch gebracht.
Was man verschlampte: Jetzt wird's dann gemacht.
Jeder steht gern jetzt mit Rat und mit Tat
wieder für seine Kundschaft parat:
Vertreter vertreten, Verkäufer verkaufen,
die Bundesligisten sind wieder am Laufen,
der Bäcker backt wieder ganz frische Brötchen,
der Figaro schnippelt und reißt seine Zötchen.
Monteure montieren, Kassierer kassieren.
Die Lehrer lehren das Buchstabieren.
Der Rechtsanwalt rechtet, die Tippfräuleins tippen,
der Ober liest dir den Wunsch von den Lippen,
die Klofrau sitzt wieder geduldig vor Ort.
Im Fernseh'n gibt's wieder 'ne Unmenge Sport,
Kultur wird von neuem jetzt großgeschrieben,
man schubst alles an, was stehen geblieben,
auch außenpolitisch und in der Partei –
die Urlaubszeit ist ja mal wieder vorbei.
Nun läuft für das nächste knappe Quartal
(bis Weihnachten) wieder fast alles normal.

Urlaubsbekanntschaft

Es war sehr nett und voller Reiz,
am Urlaubsort zu plauschen
mit jenen netten Schludrigkeits.
Zum Abschied pflegt man beiderseits
Adressen auszutauschen.

»Und falls Sie irgendwann einmal
in unsre Gegend kommen . . .«
Man lädt sich ein, bilateral,
doch meint man es wohl mehr formal –
das wird nicht ernst genommen.

Nur weiß man das halt nie genau.
Es klingelt an der Türe:
Herr Schludrigkeit mit Kind und Frau!
Nur weil sie grad, so meint er schlau,
der Weg vorüberführe.

Man schenkt was ein, kramt dann herum
in fernen Urlaubstagen,
schlägt Zeit tot, bringt zwei Stunden um
und bleibt trotz vielen Redens stumm:
Man hat sich nichts zu sagen.

Und wieder einmal wird dir klar:
Ein Ort verändert Leute.
Wer fern von hier recht witzig war,
der langweilt dich und nervt sogar,
triffst du ihn hier und heute.

Deutschland, Deutschland überall . . .

Bald sind wir alle nun zurück
aus fernen Urlaubslanden,
allwo wir deutsches Ferienglück
an fremden Stränden fanden.

Man sprach dort deutsch, trank deutsches Bier,
genoß (fast) deutsche Küche,
man klopfte deutschen Skat – wie hier –
und oft auch deutsche Sprüche.

Das ist's, was wir für unser Geld
so gern zu schätzen wissen:
Man muß trotz Duft der weiten Welt
den deutschen Mief nicht missen!

Nachwehen

Wohin mit all den Sätteln von Kamelen,
die im Bazar so »günstig« man erstand?
Man kann sich's nun nicht länger mehr verhehlen:
Es scheint für solchen Kram der rechte Platz zu fehlen
im eig'nen Heim, sowie im Heimatland.

Wozu denn kaufte man die blöden Hirtenflöten?
Was soll die große Bodenvase aus Sorrent?
Man opferte dafür die letzten Urlaubs-Kröten.
Und: War die Wurzelschnitzerei vonnöten,
die man in Garmisch noch so reizvoll fand?

Warum nur kaufte man die Gondel in Venedig?
Wozu die Banderillas in Madrid?
Der Heilige Souvenirius sei uns gnädig:
Ach wär' man doch des ganzen Krempels ledig!
Weshalb nahm man denn bloß die Rentierschaufel mit?

Was soll's, daß den Tirolerhut man kaufte?
Was hat man beim Erwerb des Buddelschiffs gedacht?
Es fehlt nicht viel, daß man das Haar sich raufte
und sich an mitgebrachtem Schnaps besaufte –
weil: Was man mit dem teuren Kram nun hier bloß macht?

Nun ja: So war's bislang in all den Jahren.
Doch das wird anders: Nie mehr solchen Mist!
Im nächsten Urlaub wird man dieses Geld sich sparen!
Doch wetten, daß man – bis wir wieder fahren –
auch diesen Vorsatz wieder ganz bestimmt vergißt?

Schlimmer geht's nimmer

Hast du einen bösen Feind,
der's nicht freundlich mit dir meint?
Willst du den mal fertig machen
und dir sehr ins Fäustchen lachen?
Willst du ihn unsäglich quälen?
Mußt nur die Methode wählen:
Bitte ihn zu dir nach Haus,
lad' ihn ein zu einem Schmaus,
tränke ihn mit Bier und Wein,
kurz: Behandle ihn recht fein.
Dann jedoch: Das Licht lösch' aus.
Nein, mein Freund – nicht »Messer raus!«,
führe ihm erbarmungslos
stundenlang und Stoß auf Stoß
schadenfroh und voll Humor
alle deine Dias vor!

Herbst – na und?

Es wird mal wieder Herbst. Hurra?
Ach wo: Kein Grund zum Lachen.
Doch andererseits: Er ist halt da,
und dummerweise kann man ja
dagegen auch nichts machen.

Es wird mal wieder Herbst. Na und?
Wenn sich die Tage neigen,
gibt's zum Verzweifeln keinen Grund,
denn schließlich treibt's der Herbst schön bunt.
Der Rest ist freilich Schweigen.

Es wird mal wieder Herbst – jedoch:
Es kommt noch was dahinter,
und wenn der Igel sich verkroch,
hat für den Menschen immer noch
auch seinen Reiz der Winter.

Es wird mal wieder Herbst. Nimm's leicht
und spar' dir jede Trauer:
Es war sehr schön – es hat gereicht.
Man wär' doch gar nicht drauf geeicht,
wenn's Sommer wär' auf Dauer!

Herbst – na und?

Drachen-Nostalgie

Jetzt weht er wieder, der herbstliche Wind,
jetzt steigen sie wieder, die Drachen –
die gekauften. Denn heute weiß kaum noch ein Kind
sich den Drachen selber zu machen.

Ganz klar – denn wer wollte denn einem Kind
das Drachenmachen noch zeigen?
Weil: Die Buben, die heute Väter sind,
die lassen ihn nicht mal mehr steigen.

Keine Zeit, keine Zeit! Hier hast du paar Mark,
und nun geh und kauf dir so'n Dingens.
Keine Zeit und viel zu viel Streß für so'n Quark –
keine Lust für den Fall des Mißlingens.

Ein Drachen ist auch, wenn gekauft, sehr fein
und keineswegs zu verachten –
nur: So wunderbar kann er halt leider nie sein
wie einst unsre selbergemachten!

Volksfestzeit

Jetzt geht das alles wieder an:
Die Karussells, die Achterbahn,
das Zelt, in dem man trinkt und schreit:
»Ein Prosit der Gemütlichkeit!«
Mal schießen, Zuckerwatte lecken,
sich auf der Geisterbahn erschrecken,
erneut sich dann im Bierzelt saunen,
die dickste Frau der Welt bestaunen,
in Lärm sich baden, selber schrei'n
und mal von Herzen kindisch sein,
ganz hemmungslos und ohne Frust:
Das ist die wahre Volksfestlust!

Oktober bleibt Oktober

Oktober bleibt Oktober

Wenn im Oktober noch an manchen Tagen
septemberlich und warm die Sonne gleißt,
dann möchte man sich stundenweise fragen,
wieso er denn nicht gleich Oktember heißt?

Und manchmal ist er gar augüstlich sonnig
und so voll überreifer Sommerlust:
Da fühlt man sich für ein paar Stunden wonnig
statt im Oktober fast noch im Oktust.

Oktuli und Oktuni? Das wär' übertrieben.
Doch ist er mittelmild wie einst der Mai,
hätt' gern in den Kalender man geschrieben:
Es wäre statt Oktober jetzt Oktai.

Ach ja, was nützt's, ihn anders zu benennen –
die Jahreszeit verändert dies nun auch nicht mehr.
Und leider kommt, wie wir die Dinge kennen,
nicht viel Erfreuliches mehr hinterher . . .

Herbst-Signale

Wenn mal der amtliche Bericht
von Island-Tiefs und Nachtfrost spricht,
wenn feucht und spät der Morgen graut,
und Frauen ham 'ne Gänsehaut,
wenn mittags erst der Nebel steigt,
und sich nur kurz die Sonne zeigt,
wenn sich die Blätter bunt verfärben,
und Wespen ganz von selber sterben,
wenn kaum noch eine Fliege schwirrt
und Heizöl täglich teurer wird,
dann, liebe Leut', ist's nicht mehr weit:
Bald ham wir wieder Weihnachtszeit!

Herber Herbst

Die Vögel zieh'n allmählich fort
an einen angenehmer'n Ort,
dieweil der Igel sich ins Loch
zu seinem Winterschlaf verkroch.

Der Baum trennt sich vom letzten Blatt.
Die Sonne scheint (falls ja) nur matt.
Die letzten Blumen machen Schluß.
Den Menschen packt der Herbst-Verdruß.

Nur Stoppeln steh'n noch auf dem Feld.
Der Winter kommt und geht ins Geld.
Der Mensch wird wieder innerlich,
bleibt mehr daheim und geht in sich.

Trotz Gänsehaut vom Hals bis Po
weiß er genau: Das bleibt nicht so,
und der Gedanke wärmt sein Herz:
Es wird ja auch mal wieder März!

Nur kein Neid!

Man möchte jene Vögel fast beneiden,
die jetzt auf flotten Flügeln flieh'n
und die – um Wintersleiden hier zu meiden –
sich ungeniert ins warme Afrika verzieh'n.

Das möchten wir wohl auch ganz gern. Indessen:
Bedenke – was dem Winter hier entfliegt,
muß dauernd Raupen, Käfer, Mücken fressen,
was unsereinem ja nun auch nicht grade liegt!

Das Öl und die Kohlen

Das ist recht paradox fürwahr:
Man wird um diese Zeit im Jahr,
kaum daß der Urlaub ausgestanden,
von neuem finanziell zuschanden,
und zwar, weil leider ziemlich prompt
schon bald der nächste Winter kommt.
Das heißt: Du mußt jetzt Heizöl kaufen –
das geht ins Geld, zum Haareraufen!
Du leerst dein Konto bei der Bank,
machst für den Winter voll den Tank
und mußt dich dann im Sparen trimmen –
weil jetzt die Kohlen nicht mehr stimmen.

Wieder mal Schnupfen-Saison

Zur Zeit hat mancher den Katarrh
wie einst die Rittersleute.
Zwar sind die Mittel nicht mehr rar,
und (t)rotzdem ist es leider wahr:
Man rotzt und schneuzt auch heute.

Es gibt wohl manche Medizin –
doch seien wir mal ehrlich:
Da hilft kein Antirotzolin,
von A bis Z kein Vitamin –
man kriegt ihn einmal jährlich!

Wieder mal Schnupfen-Saison

November-Freuden

November-Song

Der Igel hat es gut: Der kann jetzt pennen.
Die schlauen Vögel zogen längst schon fort.
Der Mensch jedoch muß fröstelnd nun erkennen:
Dies ist zur Zeit ein ziemlich trister Ort.

Von irgendwo nah'n wieder Grippe-Viren,
von irgendwo kommt unentwegt ein Tief,
Polarluft bricht hier ein und läßt uns frieren,
und irgendwie läuft alles etwas schief.

Die Sonne (falls sie scheint) gibt kaum noch Wärme.
Der Nebel schluckt sehr oft die ganze Stadt.
Man fühlt ein Unbehagen im Gedärme,
und häufig sind die Straßen scheußlich glatt.

Man spricht in diesem Monat viel vom Tode,
und seelisch geht man ziemlich oft am Stock.
Recht trist ist auch die Herbst- und Wintermode.
Was heiter stimmt, ist oft nur noch ein Grog.

Doch nützt es nichts, dies alles zu beklagen:
Es ist nicht möglich, daß man's überspringt.
Man muß und kann es deshalb auch ertragen –
wobei der Mißmut schließlich auch nichts bringt.

Friedhofs-Rummel

Jetzt ist die Zeit, wo wir an unsere Toten denken
(denn so verlangt es der Kalender und der Brauch),
und wo wir ihnen viele teure Blumen schenken,
und etwas Zeit und eine Dauerkerze auch.

Für Tage wird der Friedhof, wo sie friedlich ruhen,
zu einem Ort, wo's ausnahmsweise unruhig ist:
Jetzt muß doch jeder da mal hingeh'n und was tuen
und stark ans Jenseits denken als ein frommer Christ.

Doch bald darauf gilt's an was anderes zu denken,
denn in sechs Wochen schon wird wieder Weihnacht' sein.
Da sind die Lebenden reihum dann zu beschenken –
und auf dem Friedhof kehrt der Friede wieder ein.

Trostwort für graue Tage

Du holst die langen Unterhosen
allmählich wieder aus dem Schrank.
Auf Wiesen blüh'n die Herbstzeitlosen.
Verwaist bleibt nachts im Park die Bank.

Am Abend muß man schon mal heizen.
Am Morgen wird es spät erst hell.
Und Damen, die mit Reizen geizen,
steh'n modisch jetzt erneut auf Fell.

Ach ja, es herbstelt eben wieder,
es nebelt und es nieselt kühl
und drückt dir oft die Stimmung nieder
mit einem bammligen Gefühl.

Was soll's: Man hat in diesen Landen
bislang – zwar ohne viel Pläsier –
noch jeden Winter überstanden.
Auch d i e s e n überstehen wir!

Spätherbst-Lamento

Nebel, Glatteis, Matsch und kalte Füße:
Ach pfui Teufel, darauf war man nicht erpicht.
Schnupfen, Grippe, teures Heizöl und Gemüse . . .
und dann auch noch Weihnachten in Sicht!

Wenn wir nur erst wieder Sommer hätten:
Sonnenschein und Wärme anstatt Matsch und Eis.
Aber wenn's so wäre, möchte ich fast wetten,
würde man gleich wieder stöhnen: »Furchtbar heiß!«

Wenn erst die erste Kerze brennt...

Wenn erst die erste Kerze brennt...

Wenn erst die erste Kerze brennt,
geht's los mit all den Dingen,
die uns ab jetzt, ab dem Moment,
so viele Freuden bringen.

Wenn erst die erste Kerze brennt,
wird's ernst, mein lieber Schieber:
Paß auf, wie schnell die Zeit nun rennt
im Weihnachtseinkaufsfieber!

Wenn erst die erste Kerze brennt:
Das Denken stark beschränken –
denn schließlich soll man im Advent
nur noch ans Schenken denken!

Wenn erst die erste Kerze brennt,
heißt's kaufen, laufen, kaufen,
und erst, wenn völlig insolvent,
ist's möglich, zu verschnaufen.

Wenn erst die erste Kerze brennt,
beginnt die alte Leier:
Dann gibt's fast jedes Wochenend'
wo eine Weihnachtsfeier.

Wenn erst die erste Kerze brennt,
ist's bald auch überstanden,
und Weihnachtsfriede kehrt am End'
ein in den deutschen Landen.

Kinderbrief an den Nikolaus

Lieber Nickolaus, ich weis:
Ich bin nicht immer braf gewesen.
Der Papi sagt, mir fehlt's am Fleis
beim Schreiben und beim Lesen.

Die Mami sagt, ich volge schlecht
und trieze meinen Bruder,
doch sicher gipst du mir da recht:
Der ist ein dummes Luder!

Ich habe auch so ap und zu,
wenn's nötig war, gelohgen,
und gep's auch zu (was saxt du nu?):
Ich war oft ungezohgen.

Bloß – weist du auch, was Papi tut?
Ich sax dir im Vertrauen:
Der ist ja auch nicht immer gut,
den must du auch verhauen.

Auch Papi hat schon oft und stark
's Viehnanzamt angelohgen,
und so schon ziemlich fiele Mark
an Steuern hinterzogen.

Auch Mami lügt, wenn man sie fragt,
woher die Kinder kommen,
und zu Frau Klaps hat sie gesagt,
sie hädde abgenommen!

Den Papi macht sie oft nerfös,
und der bringt sie zum Weinen.
Ja, auch die Grohsen sind offt bös –
nicht immer blos wir Kleinen!

Sonst noch was?

Ein schöner Boom.
Und viel Konsum.
Garniert mit etwas Christentum.

Ein schöner Baum.
Ein bunter Traum.
Und sich nichts denken – oder kaum.

Ein Gabentisch.
Die Gans ganz frisch.
Ein inniges Gefühlsgemisch.

Viel Kerzenschein.
Auch Punsch und Wein.
Und eine Spur von Bessersein.

Ein warmes Nest.
Ein frohes Fest.
Besinnlichkeit in Ost und West.

Im Buch der Bücher steht zu lesen,
da sei auch sonst noch was gewesen . . .

Das Wichtigste vor Weihnachten

Es hat schon Frost. Es ist schon kalt.
Es vorweihnachtet schon im Wald,
und auch in den Geschäften
forciert man es nach Kräften.

Doch noch macht's keinen rechten Spaß.
Noch stimmt was nicht. Noch fehlt da was.
Ei ja doch, sieh', da kommt sie schon:
Die Weihnachts-Gratifikation.

Nun endlich kauft man Läden leer,
nun steht kein Hindernis mehr quer,
nun kann's allhie auf Erden
erst richtig Weihnacht' werden.

Kommerzielles Weihnachtslied

(nach einer alten Volksweise)

Ihr Kundelein kommet, oh kommet doch all'!
Wir haben noch Ware genügend im Stall.
Greift zu, denkt ans Schenken, (das Fest ist schon nah),
denn Schenken macht Freude und Umsatz, jaja:
Die Kassen laßt klingeln – haleliluja!

Kommerzielles Weihnachtslied

Billige Geschenke

Das Schenken wär' ja ein netter Spaß –
der Haken ist nur: Es kostet halt was.
Da muß man ein bißchen was springen lassen,
und fröhlich klingeln die Weihnachts-Kassen.
Doch könnt' man nicht auch mal ganz anders denken
und jemand ganz einfach ein Lächeln schenken?
Und ein anderer wär' vielleicht gerne bereit,
schenkte ihm jemand mal Aufmerksamkeit,
und manchem wär's lieber, man schenkt' statt Likör
ihm nur etwas Zeit – und auch mal Gehör.
Dies alles wäre ganz kostenlos –
und trotzdem die Freude oft riesengroß!

Das gute alte Jahr

Das alte Jahr? Nun ja, es ist gelaufen.
Es ist vom Tisch, sowie vom Fenster weg.
Fürs alte Jahr kann man sich nichts mehr kaufen.
Das alte Jahr ist neuerdings der letzte Dreck.

Und trotzdem sollte man es nicht verachten.
E i n Vorzug bleibt dem guten alten Jahr:
Man kann es mit Gelassenheit betrachten,
man weiß von ihm bereits genau, wie's war.

Und warst du auch nicht immer einverstanden
mit allen Winkelzügen des Geschicks:
Du hast es überlebt – du bist ja noch vorhanden.
Vom neuen Jahr dagegen weißt du nix!

Drum: Wenn wir unser Glas nun leeren
aufs neue Jahr, dann wäre es wohl recht,
man würde auch das alte nochmal ehren.
Genaugenommen war's ja nicht so schlecht . . .

Es wird nichts draus

Der gute Mensch wird jährlich an Silvester
ein noch viel Besserer – nein: Bester,
indem er fest den Vorsatz faßt:
Im neuen Jahr wird nicht gehaßt!
Im nächsten Jahr: Nie lüderlich –
nur schwesterlich und brüderlich!
In Zukunft nur noch gut und edel!
Doch aufrecht – ohne Schweifgewedel!
Ab nächstem Jahr nur milde Stärke,
Gesinnungsklarheit, gute Werke!
Ja, ab sofort nie wieder lügen
und auch sich selbst nicht mehr betrügen!
Oh ja, die Umwelt wird noch staunen:
Nie wieder läßt man üble Launen
an andern aus, die schwächer sind!
Nie wieder nervt man Weib und Kind!
Und niemals mehr am falschen Ort
ein ungerechtes, böses Wort!
Dies alles hat man sich geschworen
und schreibt sich's hinter seine Ohren.
Doch leider kommt's im neuen Jahr
dann so, wie es noch immer war:
Den Vorsatz-Berg frißt Pfund für Pfund
alsbald der inn're Schweinehund.

Über Gott und die Welt

Interview mit dem lieben Gott

Ach du lieber Gott: Es gibt so viele Fragen,
auf die uns niemand sonst die Antwort geben kann.
Zum Beispiel – könntest du uns einmal sagen:
Ob die Welt nochmal in Ordnung kommt? Und wann?

Außerdem wär's int'ressant, dies zu erfahren:
Ob wohl manches, was passiert, auch dir nicht paßt?
Warst du damals dir auch wirklich ganz im klaren,
ach du lieber Gott, was du erschaffen hast?

War's denn unumgänglich, es so einzurichten,
daß fast unentwegt auf deiner schönen Welt
liebe Menschen gegenseitig sich vernichten?
Und wann wird das Paradies denn wieder hergestellt?

Ach, so vieles, vieles stünde noch in Frage –
aber leider läßt du dich auf Interviews nicht ein.
Oder allerfrühestens am jüngsten Tage,
und das heißt für uns: Erst an Sankt Nimmerlein . . .

Vor dem Weltuntergang

Die Welt geht aus den Fugen.
Die Menschheit macht sich hin.
So sagen uns die Klugen.
Es hat fast nichts mehr Sinn.

Da sei nichts mehr zu hoffen:
Es führt zum Untergang.
Das Spiel ist schon geloffen.
So geht's nun nicht mehr lang.

Und doch: Auch diese Leute
– trotz allem Ausverkauf –
die hängen hier und heute
sich selber nicht gleich auf.

Warum? Sie hoffen eben,
daß diese miese Welt,
solang sie selber leben
sich doch noch halbwegs hält . . .

Wir Macher

Gelegentlich wird man gefragt, was man denn morgen
und was man in der nächsten Woche macht?
Na was denn schon: Teils macht man sich wohl Sorgen,
teils nicht viel draus, und teils wird miesgemacht.

Ansonsten macht man höchstwahrscheinlich Pläne
und abends macht man manchmal einen drauf.
Man macht (sofern man hobelt) auch mal Späne,
macht Betten, Türen zu und viele Flaschen auf.

Mal macht man Mist und Stunk, dann wieder gute Miene,
und manchmal wird die Nacht zum Tag gemacht.
Und Mittag macht man meist in der Kantine.
Das Fernseh'n macht man an so gegen acht.

Dazwischen macht man immer wieder Sachen:
Sehr überraschend, ungewollt und nicht geplant.
Na ja – da kann man dann halt auch nichts machen.
Oft macht sich's ganz von selbst – und besser, als man ahnt.

Redens(un)arten

Wird's ihm zu dumm, zu bunt, zu laut,
dann fährt der Mensch aus seiner Haut.
Und ist die Wut noch nicht verpufft,
dann geht er schnurstracks in die Luft.
Er schwört: So sei es nicht gewesen –
sonst frißt er nämlich einen Besen
und sagt, statt gleich mit Dreck zu schmeißen,
wenn's wahr sei, wollt' er Meier heißen.
Er wünscht den Bruch von Hals und Bein,
möcht' gleich vom Blitz getroffen sein
und droht: Man bleibe ihm gestohlen,
und sagt: Der Teufel sollt' ihn holen!
Auch sagt er: Zwei und zwei sei vier –
falls nicht, dann sei dies nicht sein Bier!

So wird mit Unsinn nicht gespart
nach guter(?) deutscher Redensart . . .

Zuviel und zuwenig

Wir essen zuviel. Wir trinken zuviel.
Wir treiben zuwenig Sport und Spiel.
Wir rauchen zuviel. Wir verbrauchen zuviel.
Wir kennen beim Fernseh'n kein Maß und kein Ziel.
Wir sorgen zuviel. Wir borgen zuviel.
Wir legen zuwenige Kinder auf Kiel.
Wir hocken zuviel. Wir verbocken zuviel.
Wir fahren zu häufig im Automobil.
Wir denken zuviel. Wir planen zuviel.
Wir gewinnen oft trotzdem zuwenig Profil.
Wir tun nicht genug fürs gesündere Leben
und pflegen dem Nächsten zuwenig zu geben.
Und ändern wir mal unsern Lebensstil:
Es ist immer zuwenig. Oder zuviel!

Politische Sonntagsrede

Ich geh' davon aus, meine Damen und Herr'n:
Die Lage ist ernst und erfordert Mut.
Ich sag's, wie es ist, und ich sage es gern:
Man kann nur was ändern, indem man was tut.
Wir alle wissen: Jetzt kommt es drauf an,
die Dinge richtig zu sehen.
Wir wissen – das weiß wohl jedermann! –
und wir sagen auch, wo wir stehen.
Ganz ohne Polemik, meine Damen und Herr'n:
Jetzt müssen wir uns entscheiden.
Polarisierung liegt uns zwar fern,
doch läßt sie sich auch nicht vermeiden.
So ist es nun mal, und das sagen wir frei:
Jetzt gilt es, dem Anfang zu wehren,
und sicher tut es auch not dabei,
ganz offen die Fronten zu klären.
Wir wollen . . . wir müssen . . . wir halten nicht inne!
Ich danke Ihnen. In diesem Sinne!

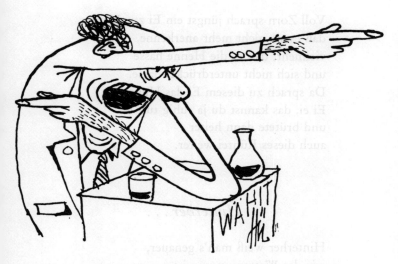

Politische Sonntagsrede

Fabel-haft

Voll Zorn sprach jüngst ein Ei zur Henne,
daß es sie nicht mehr anerkenne,
vielmehr, daß es die Henne hasse
und sich nicht unterdrücken lasse.
Da sprach zu diesem Ei das Huhn:
Ei ei, das kannst du ja ruhig tun –
und brütete dann heiter
auch dieses Rührei weiter.

Hinterher . . .

Hinterher weiß man's genauer,
wie das Wetter morgen ist.
Hinterher ist jeder schlauer
und auch manchmal etwas sauer,
falls er vorher was nicht »frißt«.

Hinterher ist nichts zu machen,
hinterher geht nichts mehr glatt –
jedenfalls bei vielen Sachen.
Hinterher kann stets nur lachen,
wer den Witz begriffen hat.

Im Schnitt und pro Kopf

Den Deutschen trifft's zehn Kilo Butter
im Jahr, pro Kopf, sowie im Schnitt.
Die meisten Frauen werden Mutter.
Ein Auto teilt man sich zu dritt.
Nur jeder Fünfte hält's verdaulich
so, daß er keine Sorgen kennt.
Die Tagesschau seh'n ganz beschaulich
im Schnitt zigkommaneun Prozent.
Von jeweils zehn sind sieben ehrlich,
und jeder zweite ist zu fett,
doch drei Prozent nur sind gefährlich
und vierzig finden Thölke nett.
Im Schnitt verdienen viele wenig,
und wenige dafür ganz viel.
Pro Kopf drei Mikrogramm Arsenik,
sowie acht Fünftel Fußballspiel.
Fünf Rollen Klopapier pro Nase.
Zwei Drittel trinken gern ein Bier.
Rund elf Prozent ham's mit der Blase,
und Senkfuß siebzehnkommavier.
Fast zweiundsechzig von je hundert
war'n letzten Sonntag nicht im Wald.
Und jeder Fünfte ist verwundert:
Pro Kopf zwölf Kilogramm Asphalt!
Ja, so errechnet die Statistik
uns jeden Schnitt mit sehr viel Fleiß –
sie treibt mit Zahlen viel Artistik:
Von Meinungen bis zur Touristik,
von Brotkonsum bis Urbanistik . . .
wie gut, daß man das alles weiß!

Nostalgie

Was gestern »in« war, ist heut' längst vergessen.
Was gestern »in« war, schätzt man heute nie.
Erst übermorgen ist man wieder drauf versessen,
und zahlt viel Geld für jeden alten Kram:
Aus Nostalgie!

Man müßte mal . . .

Man müßte mal so manches machen
und kommt dann doch nie zum Entschluß.
Der Grund ist stets bei solchen Sachen,
daß man's nur müßte . . . und nicht muß!

Krisen-Slalom

Es kriselt hier, es kriselt dorten,
es kriselt täglich allerorten –
doch laß dir durch die fiesen Krisen
dein Dasein nicht zu arg vermiesen,
denn: »Krisenfrei« wird's niemals geben,
solang auf Erden Menschen leben.

Antik ist modern

Für manchen ist's schon fast ein Schock:
Er hat noch nichts aus dem Barock.
Bekannte schauen schon ganz scheel,
hat einer nicht mal Tschippendeel.
Doch wird man erst des Lebens froh
mit etwas aus dem Rokoko.
Bewundert wird der größte Käs,
sofern man weiß: Es ist Lui-Sääs.
Auch nützt dem Renommee sehr viel
seit neuestem der Jugendstil.
Und wenn wir können, kaufen wir
auch noch ein bißchen was Ampir
sowie – und sei's auch ziemlich teuer –
was Feines aus dem Biedermeuer.
Nur Neues kommt uns kaum noch rein –
man richtet jetzt auf alt sich ein,
und hat man's auch nicht wirklich gern:
Man muß. Antik ist jetzt modern!

Unaufhaltsamer Fortschritt

Du blätterst ohne Eile
in einem Magazin –
nur so aus Langeweile
mal her und wieder hin.

Du blätterst froh und heiter –
da droht eine Überschrift:
»Der Fortschritt geht ständig weiter«
(was auch dich selbst betrifft).

Ist denn nicht unbestritten
der Fortschritt, den wir seh'n,
oft schon zu fortgeschritten?
Ach, laßt ihn doch mal steh'n!

In und out

Von Zeit zu Zeit gibt jemand Laut:
Jetzt sei (zum Beispiel) Indien »out« –
nur Lieschen Müller fährt noch hin,
denn: Indien ist nun nicht mehr »in«.

Und bald darauf kannst du wo lesen:
Das Grillsteak sei mal »in« gewesen.
Und ebenso sei heute »out«:
Espresso, Sekt und Sauerkraut.

Statt Wodka trinkt »man« wieder Gin.
Ein neuer Haarschnitt ist jetzt »in«.
Ganz »out« jedoch sind enge Hosen,
der Gruppensex sowie Neurosen.

Und nur, wer sich auch sonst was traut,
der schert sich nix um »in« und »out«
und wagt's, daß er mit frohem Mut,
was bei ihm selber »in« ist, tut.

Doch viele scheinen's nicht zu schaffen,
zu einem »out« sich aufzuraffen,
und heißt's mal, Selbstmord sei jetzt »in«:
Die machen sich glatt selber hin!

Rein muß es sein

Nur sauber ist noch längst nicht rein –
das ist kein fauler Zauber:
Nein, tiefgereinigt muß es sein,
nicht oberflächlich sauber!

In Unschuld wäscht seit eh und je
sich mancher zwar die Hände.
Doch Deutschland's weiße Wäsche? Nee:
Hier spricht die Reinheit Bände.

Hier weiß uns auch Frau Saubermann
mit Weisheit zu beglücken:
Auf höchste Weißheit kommt es an –
nicht nur bei Wäschestücken.

»Bleib sauber!«, sagt man allgemein,
doch solltest du längst wissen:
Es reicht nicht, sauber nur zu sein.
Nein, rein sei dein Gewissen!

Und weißt du dir mal keinen Rat
bei kratzigen Gefühlen:
Vergiß nicht, mit dem nächsten Bad
die Seele weichzuspülen.

Lieber Leser,

der Themenkatalog unserer Verlagsarbeit ist weitgefächert und reicht vom literarisch anspruchsvollen Roman bis zur heiter-geistreichen Unterhaltung, von der aufschlußreichen Biographie bis zu den Bavarica, vom praktischen Ratgeber für die Gesundheit bis zum Fachbuch für den Imker, vom erziehungswissenschaftlichen Handbuch bis zur Unterrichtspraxis, von der Hilfe für Eltern bis zum Schulbuch. Wir berichten Ihnen gern regelmäßig über unsere neuen Bücher, wenn Sie uns diese Karte ausgefüllt zurückschicken. Bestellungen richten Sie bitte an Ihre Buchhandlung, die Ihnen unsere Bücher auch jederzeit gern zur Ansicht vorlegen wird.

Ehrenwirth Verlag
Postfach 860348

8000 München 86

Bitte als
Postkarte
frankieren

Name

Straße, Postleitzahl, Wohnort

Beruf

Diese Karte entnahm ich dem Buch:

Anschriften von Bekannten, die sich vermutlich auch für
Ihre Prospekte interessieren:

Bitte kreuzen Sie die
Gebiete an, die Sie
besonders interessieren:

☐ Roman
☐ Biographie
☐ Humor
☐ Bavarica

☐ Gesundheit
☐ Küche
☐ Bienenzucht

☐ Erziehungs-
　wissenschaft
☐ Unterrichtspraxis
☐ Elternhilfen
☐ Schulbücher

Hirngespinst

Es schrieb jüngst ein Professer
in einem klugen Buch:
Ganz hirnlos ging's uns besser.
Das Hirn – des Menschen Fluch!

Weil wir zuviel uns denken,
drum gingen wir zugrund'.
Wir sollten uns das schenken,
dann würden wir gesund.

Das Hirn, so könnt' man meinen,
als Übel Nummer eins.
Will's nicht oft eher scheinen,
die Menschheit hätte keins?

Nach den Nachrichten

Du hörst und siehst es täglich fern
(wenn auch nicht immer grad sehr gern)
und nimmst's zur Kenntnis, unverdrossen:
Hier wird gedroht. Dort wird geschossen.
Da wird ergebnislos verhandelt.
Dort wird die Umwelt stark verschandelt.
Hier gibt es Streik. Im Norden nieselt's,
und weltweit allerorten kriselt's.
Im Nahen Osten: Bomben knallen.
Und hier bei uns: Bank überfallen.
Der Dollar wankt. Wird Öl bald knapp?
Man ruft wo Diplomaten ab.
Droht uns ein Rückschlag im Export?
Erneut ein feiger Meuchelmord.
Ein Krisenstab tagt halbe Nächte.
Woanders bricht man Menschenrechte.
So kommt's frei Haus und Schlag auf Schlag,
jahrein-jahraus und Tag um Tag.
Man sagt sich vor mit frohem Mut
trotz alledem: Der Mensch ist gut!
Die Welt ist schön? Na – eher nein.
Doch theoretisch könnt's schon sein . . .

Nach den Nachrichten

Alles Gute

Das Gute bricht sich immer Bahn,
auf alles Gute kommt es an:
Es kocht die gute Mutter
stets nur mit guter Butter.
Ein guter Wein, ein gutes Buch,
der Anzug nur aus gutem Tuch –
es gönnt sich guten Mutes
der gute Mensch nur Gutes.
Doch ob er auch viel Gutes tut?
Na klar – man sagt doch stets: Mach's gut!

Wir Müssenmüsser

Erst mußt du dies, dann mußt du das –
du »mußt«, du tust es nicht zum Spaß.
Der eine muß ganz schnell was regeln,
der andere muß am Sonntag segeln,
ein dritter muß stets hundert Sachen
zu Hause und im Garten machen –
der Mensch muß ohne Unterlaß,
nein: Meint zu müssen. Irgendwas.
Doch eines Tags kommt unverhofft
zum falschen Zeitpunkt, wie so oft,
von irgendwo ein Virus her –
und plötzlich mußt du gar nichts mehr,
schiebst alles auf die lange Bank:
Nichts kannst du müssen, bist ja krank
und hättest nicht mal Kraft und Lust
zu wollen – was du gar nicht mußt!

Konvention

Zwei treffen sich. Man fragt, wie's geht
und schüttelt sich die Hand.
Ja, wie es denn zu Hause steht?
Und wie ums Abendland?

Man sagt: »Wie nett, daß wir uns treffen!
Sie ahnen nicht, wie mich das freut!«
Man fragt nach Onkeln, Tanten, Neffen
und schüttelt sich die Hand erneut.

Zwar will man, was man fragt, nicht wissen,
und hält nicht viel vom Händedruck.
Doch ist's so Brauch, man kann's nicht missen.
Und außerdem: Es geht ruckzuck.

Husten-Konzert

Kaum hat's Konzert so recht begonnen,
kaum schwelgt man in Adagio-Wonnen,
da fängt gleich neben dir ein Mann
fortissimo zu husten an.

Die Geigen jubilieren heiter –
ein andrer hustet heftig weiter,
ein dritter kämpft mit Bronchien-Qual –
bald räuspert's da und dort im Saal.

»Hemmhem!« – »Krächz-krächz!«
– Mann, wie das stört!
Kaum, daß man die Musik noch hört.
Crescendo steigert sich der Chor
der Huster immer mehr empor.

Und da – am End' des zweiten Satzes
spürst du auch selbst im Hals, als kratz' es.
Es kratzt und reizt dich immerzu –
und schließlich hustest halt auch du.

Verdammtnochmal, was soll der Mist?
Wo du doch nicht mal Raucher bist
und nicht erkältet, nicht verschleimt?
Dein Hustenreiz scheint ungereimt.

Wär' Husten im Konzert nicht störend,
ja: gradewegs dazugehörend,
dann könnte niemand japsen, prusten,
nicht räuspern und schon gar nicht husten.

Doch wie man hört: Das steckt wohl an,
das bricht sich unaufhaltsam Bahn,
und zwar nur deshalb dranghaft scharf –
weil man es hier nicht soll und darf!

Sei nett zu dir

Ein Mensch zu werden ist nicht schwer –
ein Mensch zu sein schon etwas mehr,
wobei sich's mancher unbedacht
durch Meckern selbst noch schwerer macht,
indem er ständig darum bangt,
ob man von ihm zu viel verlangt,
sein hartes Schicksal stets beklagt,
und täglich »So ein Sch . . . dreck!« sagt.
Ein and'rer, halbwegs heiter,
hat's leichter und kommt weiter.
Und die Moral von dem Gedicht:
Vermies dir selbst das Leben nicht!

Aus dem Familienalbum

Mann und Frau

Der Mann, so heißt's, wird aus der Frau
zeitlebens nie so richtig schlau,
wobei ja auch die Frau den Mann
wohl nie so ganz verstehen kann.
Na und? Das gibt doch erst den Reiz
hier einer- und dort andrerseits.
Daß die Geschlechter sich nicht gleichen
und nie einander ganz erreichen:
Das ist doch grad die Attraktion –
seit Adam und seit Eva schon!

Tageslauf einer Hausfrau

Aufsteh'n. Waschen. Frühstück machen.
Mann und Kinder müssen raus.
Und danach gibt's hundert Sachen,
die zu richten sind im Haus.

Einkauf. Kochen. Wäsche waschen.
Dauerkampf mit Staub und Dreck.
Schularbeiten. Leere Flaschen.
Kuchen backen. Tintenfleck.

Kinder fragen. Was erfinden.
Fenster putzen. Keine Zeit.
Aufgeschlag'nes Knie verbinden.
Schau'n, warum das Kleinste schreit.

Schon wird's Zeit fürs Abendessen:
ER kommt heim mit letzter Kraft,
will verwöhnt sein. Unterdessen
hat ER nämlich was geschafft!

ER hat's draußen ohne Pause
ziemlich schwer und nicht so gut
wie die liebe Frau zu Hause.
Was die da bloß immer tut?

Stammbuchvers für einen Sohn

Was du machst, das mache richtig:
Pfuscher gibt es schon genug!
Nimm dich selbst nicht gar zu wichtig,
sei stets ein- sowie umsichtig,
werde aus den Fehlern klug.

Halt' die andern nicht für Deppen,
wenn sie and'rer Meinung sind,
lass' dich aber auch nicht schleppen,
unterdrücken oder neppen –
kurz und gut: Mach's gut, mein Kind!

Samstagabend

Weil ja Sauberkeit nie schadet,
bricht sie jede Woche aus:
Samstagabend wird gebadet
nahezu in jedem Haus.

Erst sich in der Wanne aalen:
Kinderlein und Frau und Mann.
Dann im Fernseh'n Lotto-Zahlen
und das Wort zum Sonntag dann.

Ja, der Sonntag: Der ist morgen,
und der Wecker weckt da nicht.
Heute hat man keine Sorgen,
morgen hat man keine Pflicht.

Sind die Kinder in der Falle,
wird's beschaulich. Außerdem
öffnet man die Gürtelschnalle,
läßt sich geh'n, macht sich's bequem.

Noch ein Krimi mit drei Leichen
und dazu ein Gläschen Wein:
Ach, wie wonnig ohnegleichen
kann ein Samstagabend sein!

Ja, für Geist und Körper labend
ist das alles jede Woch'.
Oh du schöner Samstagabend:
Warum dauerst du nicht noch?

Samstagabend

Wenn die Männer kochen müßten . . .

Wenn die Männer kochen müßten,
bügeln, waschen, putzen auch,
wenn die was vom Haushalt wüßten,
stiege rasch der Stromverbrauch.

Wenn die Männer all das täten,
was die Hausfrau'n täglich tun,
hätten sie an Hilfsgeräten
alles – um selbst auszuruhn.

Ja, sie würden viel erfinden,
was die Arbeit leichter macht,
auch um Freizeit rauszuschinden.
Mann, das wäre eine Pracht!

Männer, wenn sie Hausfrau'n wären,
schufteten nicht wie ein Gaul.
Nein, die würden sich da wehren,
denn die Brüder sind stinkfaul.

So jedoch ist ihnen leider
ziemlich schnurz die Perfektion.
Männer sind meist aus dem Schneider,
denn: Die Mutti macht das schon!

Wenn die Männer kochen müßten . . .

Seit Adam und Eva

Ein Kleidchen vom vergang'nen Jahr?
Das trägt man nicht mehr heuer!
Nur: Mach das einem Mann mal klar –
der brummt bloß was von teuer.

Denn weil ER stets egal rumrennt
in ziemlich gleichen Sachen,
ist ihm der neu'ste Modetrend
nie wirklich klar zu machen.

ER kleidet sich halt irgendwie,
bloß um nicht nackt zu laufen.
Hingegen muß und möchte SIE
sich gern das Neu'ste kaufen.

Es ist und bleibt das gleiche Spiel
seit jenem Feigenblatte:
SIE wünscht sich Kleider – möglichst viel!
ER wechselt die Krawatte ...

Wo's am besten schmeckt

Du kannst mal köstlich auf Spesen speisen
in einem dreisternigen Restaurant,
kannst Spezialitäten probieren auf Reisen,
kannst teuer bezahlen und schlemmen im »Grand«.
Du kannst mal im Süden und Norden und Osten
probieren, was dort auf den Teller kommt,
kannst auch die exotische Küche verkosten,
doch jedesmal sagst du dir hinterher prompt
nach all diesen kulinarischen Festen
(und hast du auch manches ganz gern mal gemocht):
Daheim bei der Mutti schmeckt's immer am besten –
selbst wenn die bloß einfachen Eintopf dir kocht.

Wenn die Verwandten uns besuchen ...

Wenn die Verwandten uns besuchen,
verliert man leicht das Gleichgewicht.
Am liebsten würde man ja fluchen,
doch leider schickt sich dieses nicht.

Wenn die Verwandten zu uns kommen,
dann machen sie sich rasch beliebt.
Man fragt sich, innerlich beklommen,
wozu es denn Verwandte gibt?

Wenn die Verwandten bei uns weilen,
dann wird es laut, dann gibt's Tumult.
Man muß mit ihnen alles teilen
und übt von früh bis spät Geduld.

Wenn die Verwandten wieder scheiden,
dann schüttelt man sich lang die Hand.
Man kann die Leute zwar nicht leiden,
doch immerhin: sie sind verwandt!

Wenn die Verwandten uns besuchen . . .

Schadenfreude

Wenn zwei sich finden
am Trau-Altar,
um sich zu binden
als Ehepaar . . .

. . . sind viele der Gäste recht schadenfroh,
denn denen erging es einst ebenso.

Frohes Heimwerken

Trost für Anfänger

Auch wer zunächst danebenhaut,
darf trotzdem auf ein gutes Ende hoffen.
Wenn erst der Daumennagel blaut,
wird auch der andere Nagel noch getroffen.

Zehn Gebote für den Heimwerker

(über der Werkbank anzunageln)

Erstens: Laß dir Zeit beim Werken,
denn aufs Tempo kommt's nicht an.

Zweitens solltest du dir merken,
daß nicht jeder alles kann.

Drittens: Es erspart dir Suchen,
wenn du stets auf Ordnung schaust.

Viertens: Nicht zu heftig fluchen,
falls du auf den Daumen haust.

Fünftens: Lieber dreimal messen,
ehe man sich einmal irrt.

Sechstens: Bitte nie vergessen,
daß ein Pfusch ja doch nix wird.

Siebtens: Denk an deinen Nächsten –
mach' nicht Krach spät in der Nacht.

Achtens: Prügle nie den Schwächsten,
wenn dich etwas fuchtig macht.

Neuntens: Laß den Leim gut binden,
denn sonst bist du selber schuld.

Zehntens: Wenn die Nerven schwinden,
fass' dich trotzdem in GEDULD!

Bastler-Hände

Ein kleiner Rest von Stauffer-Fett
ging nicht mehr weg am Nagelbett.
Ein Kratzer an der rechten Hand,
der Zeigefinger leicht verbrannt,
der linke Daumennagel blau
(nicht Farbe, sondern Blutungsstau),
die Haut, die fast zum Schmirgeln taugt,
von Nitrolösung ausgelaugt,
von Bimsstein rauh und rot geschliffen,
sowie vom Bürsteln angegriffen,
und doch: Die feinen Rillen schwarz
von Kleber, Dispersion und Harz:
So sprechen eines Bastlers Hände
nach jedem Wochenende Bände.

Gebrauchsanweisung

Man schiebe in die Doppelnut
die Linksgewinde-Nocken,
um dann mit leichtem Druck, doch gut,
den Spannring zu verblocken.
Sodann bolzt man den Führungs-Splint
durch Start- und Abschalt-Tasten
und drückt, wo Zwischenstege sind,
nur leicht, um einzurasten.
Nun muß der Muffen-Ring nach links –
und gründlich arretieren!
Doch vorher soll man allerdings
noch rasch den Spurkranz schmieren.
Jetzt preßt man halb im Krümmer-Rohr
den Konus ganz nach innen
und schiebt den Rückschlag-Riegel vor –
und schon kann es beginnen.
Du liest's – und gar nichts wird dir klar.
Wo sollst du was wann schieben?
Gebrauchsanweisung? Unbrauchbar
ist das, was hier geschrieben.
Doch hast du erst drauflosprobiert,
so wirst du alsbald sehen:
Du kannst, hast du's Gerät kapiert,
auch diesen Text verstehen.

Bastlers Fluch

Ist einer sonst zwar gar nicht dumm,
so geht halt doch auch ihm was krumm.
Dann aber flucht er laut und barsch:
»Verdammt! Leck mich doch gleich am Abend!
Ja Bombenelement . . . zefix –
da paßt doch wieder einmal nix!
Verflucht, ist das ein blöder Mist,
wenn's hint' und vorn' bloß Scheiße ist.
Jetzt reicht's mir, und im Fall des Falles
leck' mich doch überhaupt gleich alles!
Verdammter Dreck – du fliegst ins Eck!
Das hat doch alles keinen Zweck,
da fehlt's an allen Enden weit.
Schad' um die Nerven und die Zeit.
Jetzt hab' ich's satt, das ist zu schwer:
Schluß mit dem Stuß – ich mag nicht mehr!«

So mault und flucht der Bastelmann –
und fängt dann halt von vorne an.

Heile Welt im Eigenbau

Die Welt? Es gibt noch eine heile:
Du kannst sie dir zusammenkleben.
Wer bastelt, hat nie Langeweile,
doch höchstwahrscheinlich mehr vom Leben.

Heile Welt im Eigenbau

Der Superselbermacher

Hoch klingt das Lied vom braven Mann,
der alles selber macht und kann:
Der schreinert, schlossert, betoniert,
auch selbst sein Auto repariert,
der streicht und spritzt, Tapeten klebt
und höchste Perfektion erstrebt.
Elektrisch ist er auch auf Draht –
sogar ein Wasch-Vollautomat
wird unter seiner Hand gesund:
Kaum schaut er hin – und schon läuft's rund.
Ein Wasserhahn, der ständig tropft?
Dem wird sofort das Maul gestopft.
Ein Wackelstuhlbein, Wackeltisch?
Für diesen Mann ein kleiner Fisch.
Das alles macht er eigenhändlich
ganz von allein und selbstverständlich,
und er erwartet sich darob
noch nicht einmal ein kleines Lob.
Kurzum: So super ist der Mann . . .
daß es ihn gar nicht geben kann.

Was Frauen sich nicht trauen

Ans Dübeln geht die Frau nicht ran:
Für so was braucht sie einen Mann,
der hämmert, nagelt, repariert,
kontaktklebt, nachjustiert und schmiert,
der schleift und bohrt und auch mal sägt,
der schraubt und leimt und unterlegt,
und zwar mit sehr geschickter Hand
und männlich-logischem Verstand.
Bewundernd sieht das alles SIE
und denkt: Als Frau kann man das nie!
Das ist für uns viel zu verzwickt,
dafür sind wir zu ungeschickt.
Doch könnten alles dies auch Frauen –
sie müßten sich's halt nur mal trauen.
Nur weil SIE glaubt, daß SIE's nicht kann,
heißt's stets: Da muß der Papi ran!
Für Männer ist das gut. Ganz ehrlich:
Die wär'n sonst halb so unentbehrlich!

Loblied auf die Bastler-Frau

Wer zählt die Stunden, kennt die Tage,
wer hört die Flüche, spürt die Plage,
hat immer wieder Trost gespendet,
bis endlich dann das Werk vollendet?
Wer hilft stets mit, oft schon beim Planen,
wer kann die Schwierigkeiten ahnen,
wer leidet, wenn was arg mißlingt,
wer ist es, der die Biere bringt?
Wer freut sich über jeden Dreck?
Wer räumt denselben auch noch weg?
Wer weiß, wie viel ein Mann oft schwitzt,
bis schließlich alles paßt und sitzt?
Wer kühlt die Beulen, pflastert Wunden,
macht selbst am Sonntag Überstunden
und sagt, es sei nur Zeitvertreib?
Das ist des Bastlers Eheweib.
Und drum, in aller Bastler Namen,
ein Hoch auf diese wackeren Damen!

Hoffnungsloser Fall

Auch wenn's im Grund' fast jeder kann,
ist Basteln nichts für jedermann:
Wer wirklich ganz im Geiste lebt,
in höheren Regionen schwebt
und wohnt in einer andern Welt,
wer Schrauben glatt für Nägel hält
und nur zwei linke Hände hat,
an Watte denkt bei Kilowatt,
wer meint, man könne Hirnholz feilen
und Leisten mittels Schere teilen,
wer nicht kapiert, was Gehrung heißt,
und Angst hat, daß ein Zahnrad beißt . . .
einem solchen sollte der Doktor verschreiben:
Sie lassen das Do-it-yourself lieber bleiben!

Theorie und Praxis

Professor X. an der TU
liest Starkstromtechnik immerzu.
Er schmeißt vor'm Auditorium
gleich mit Millionen Volt herum
und weiß genau, wie alles geht
mit Elektron und -trizität.
Doch: Streikt bei ihm daheim das Licht –
woran das liegt, das ahnt er nicht.
Der Bastler aber, ungelehrt,
entdeckt alsbald den Kurzschluß-Herd.
Woran man klar den Unterschied
von Theorie und Praxis sieht.

Müssen, wollen, dürfen, sollen . . .

Nicht alles, was man kann, muß man auch wollen.
Nicht alles, was man darf, möcht' man auch sollen.
Nicht alles, was man will, kann man auch dürfen.
Und meist sieht auch ein Haus
am Schluß ganz anders aus
als vor dem Baubeginn auf den Entwürfen.

Unser aller Auto

Monolog eines Autofahrers

Was bremst denn diese lahme Schnecke?
Ja fahr' doch zu, du Vollidiot!
Mensch, bieg' doch endlich um die Ecke . . .
na ja – jetzt ist schon wieder Rot.

Die Radler sollte man verbieten!
Ja Menschenskind, ist der denn blau?
Du Rindvieh! Dummkopf! Lauter Nieten . . .
ach ja natürlich: Eine Frau!

Na, also hat man da noch Worte:
Jetzt überholt der Kerl ganz keck?
Gleich dreimal hupen, aber forte!
Du blöder Hund . . . jetzt ist er weg.

Nein, Nerven braucht man heutzutage,
und manche Leute lernen's nie!
Und dann das Fußvolk, diese Plage –
die trotten wie das liebe Vieh.

Ja Mann, ist der denn nicht bei Sinnen?
Der biegt da mirnichts-dirnichts ein?
Der scheint wohl kolossal zu spinnen –
und so was hat den Führerschein!

Du Trottel! Götz von Berlichingen!

Die sind wohl alle geisteskrank?
Na ja – m i c h aus der Ruhe bringen,
das schafft ja keiner. Gott sei Dank.

Wo man wild wird

Herr Dings, im Wesen froh und heiter,
meist freundlich, gütig und so weiter,
tut keiner Fliege was zuleid,
und ferne liegt ihm Zorn, Haß, Neid.
Oh nein, er gönnt dem Nächsten was,
ist tolerant, versteht auch Spaß,
wird auch als Vater kaum je laut
und fährt nicht gleich aus seiner Haut.
Kurzum, im großen ganzen ist
Herr Dings ein guter Mensch und Christ.
Und doch: Er könnt' an manchen Tagen
den Nächsten glatt mit Fäusten schlagen,
ja – gar ihn im Affekt noch killen.
Warum denn bloß, um Himmels willen?
Nur, weil ihn dieser eingezwängt,
sich hanebüchen vorgedrängt
und ihm was weggenommen hat:
Den letzten Parkplatz in der Stadt.
Tja, eingesperrt in Auto-Kerkern:
Da werden Menschen zu Berserkern!

Wo man wild wird

Aber schöön war es doch!

Die Anfahrt: Stundenlang im Stau.
Auch heimwärts wieder Blechverhau.
Das Zimmer? Na, vielleicht war's lausig.
Das Essen: Mittelmies bis grausig.
Das Wetter: Bißchen Sonnenschein,
doch hätt' es können besser sein.
Der Strand: Kaum Sand, doch viele Steine.
Kaum kühles Bier, doch saure Weine.
Am Abend Lärm und viel Getue
und auch des nachts oft wenig Ruhe.
Die Souvenirs? Na, halb so toll –
und trotzdem Ärger mit dem Zoll.
Der Wagen ziemlich strapaziert,
die Reifen reichlich abradiert,
die Nerven ziemlich dünn geschabt,
weil Sorgen um daheim gehabt.
Auch viel zu hoch die Reisespesen.
Reserven? Vorher mal gewesen.
Im Konto jetzt ein tiefes Loch . . .
aber schön, aber schöön,
aber schööön war es doch!

Na(Poli)tur-Erlebnis

Steht sonntags Sonne mal in Haus,
treibt sie mit Macht die Städter raus:
Ins Grüne zieh'n sie ihre Spur –
man braucht ja Sonne, Luft, Natur.
Doch wenn sie erst mal draußen sind,
dann sind sie für das Grün oft blind.
Warum? Man wagt es kaum zu sagen:
Die fummeln dort an ihrem Wagen
und seh'n dabei das eine nur:
Statt Na- bloß Autopoli-tur.

Der neue Wagen

Vati sitzt stocksteif am Steuer,
fährt ganz anders, als gewohnt,
denn der Neue war sehr teuer,
und drum wird er nun geschont.

Ganz piano wird gefahren,
weil der Neue glänzt und strahlt,
denn man mußte lang drauf sparen,
und er ist nicht abbezahlt.

Trotzdem wird man bald schon finden:
Meeensch – da ist 'ne Schramme dran!
Wenn erst Neu- und Schönheit schwinden,
dann heißt's wieder: Nun mal ran!

Sonntagslust und Sonntagsfriede

Es hat ein Oberstes Gericht
die Frage so entschieden:
Wer's Auto wäscht, stört dadurch nicht
den frommen Sonntagsfrieden.

Man ahnte ja schon unbewußt,
was wir bestätigt fanden:
Des deutschen Bürgers Freizeitlust
wird nicht am Recht zuschanden.

So laßt uns – dankbar dem Gericht –
auch sonntags froh polieren!
Was rechtens ist, wird wohl auch nicht
den lieben Gott genieren.

Zehn Gebote für den Autofahrer

Erstens: Keine Kurven schneiden.

Zweitens: Gib nicht so viel Gas.

Drittens: Parkverbote meiden,
denn die steh'n da nicht zum Spaß.

Viertens: Farblich nicht erblinden
(gelb ist gelb und rot bleibt rot!).

Fünftens: Nie Sekunden schinden,
wenn wo Überholverbot.

Sechstens: Sollte man nichts trinken,
wenn man dann noch fahren muß.

Siebtens: Denke auch ans Blinken.

Achtens: Fahre keinen Stuß.

Neuntens: Suche Abenteuer
nicht gerade im Verkehr.

Zehntens: Bleibe Mensch am Steuer,
fällt's dir manchmal auch recht schwer!

Gute Unterhaltung!

Die Alternative

Stets schimpft man: Was für'n Mistprogramm
die wieder mal im Fernseh'n ham!
Mensch, spar' dir das Programm-Gefluch':
Schalt' einfach ab – und lies ein Buch!

Gedanken beim Radiohören

Was, schon wieder Symphonien?
Gleich zwei Stunden? Na dann prost!
Mann, da möchte man ja fliehen.
Sind denn die nicht ganz bei Trost?

Ein Programm ist das – zum Speien.
Nichts Gescheites, lauter Quark.
Manchmal möchte man fast schreien –
schließlich zahlt man doch paar Mark.

Acht Uhr zwanzig: Kommentare.
Und dann kommt der Werbefunk.
Später: Gruß an Jubilare . . .
warum macht da keiner Stunk?

Können die nichts Nettes bringen,
wo man auch mal lachen kann?
Zehn Uhr dreißig: Kinder singen.
Später ist der Landfunk dran.

Demnächst werd' ich euch mal schreiben:
»Ihr Programm ist großer Mist!«
Oder nein – ich laß es bleiben . . .
weil's sooo schlecht ja doch nicht ist.

Comeback des deutschen Heimatfilms

Nun läuten wieder Heimatglocken,
und es rauscht der deutsche Wald.
Wenn die Glocken froh frohlocken –
tja, dann bleibt kein Auge trocken,
denn wen ließe sowas kalt?

Immer wieder ist's das gleiche:
Junger Sünder, alter Hirsch.
Liebe unter deutscher Eiche.
Ab und zu gibt's eine Leiche,
doch nicht immer auf der Pirsch.

Immer wieder fragt man bange,
ob das Paar sich wirklich kriegt?
Manchmal dauert's ziemlich lange,
bis in holdem Tatendrange
dann die Liebe doch noch siegt.

Immer wieder muß man lachen,
wenn ein Mann in Jauche fällt.
Ja, das sind halt diese Sachen,
die sie immer wieder machen,
weil man's für sehr volksnah hält.

Immer wieder muß ich sagen,
daß ich sowas mistig fand.
Doch man muß sich halt nicht plagen,
um zwei Stunden totzuschlagen.
Oh du liebes Heimatland!

Fern sehen

Stundenlang hocken auf einem Fleck,
stundenlang starren ins gleiche Eck,
stundenlang mit der Müdigkeit ringen –
niemanden dürft' man zu so was zwingen.
Freiwillig jedoch tun's viele gern
Abend für Abend: sie sehen halt fern.

Es hat alles sein Gutes

Im Sommer bleibt der Bildschirm kalt
und uns die Schau gestohlen,
indem die Programmierer halt
meist Altes wiederholen.

Da murrt das Fernsehvolk und grollt,
fühlt sich ums Geld betrogen
und meint, ihm werde ungewollt,
sein Zeittotschlag entzogen.

Ach Leute, seid doch ehrlich froh:
So müßt ihr nie erfahren,
wieviel sie euch in Eins und Zwo
an neuem Ärger sparen!

Unsere tägliche Tagesschau

Eben schnell gegessen habend:
Erst mal schönen guten Abend!
Und sodann wird jedem klar,
was denn heute wichtig war:
Dieses sagt man uns genau
täglich in der Tagesschau.

Die Regierung plant jetzt dieses –
doch das sei ja ganz was Mieses,
sagt darauf die Oppsizjon.
Irgendwer verlangt mehr Lohn.
Kommentar dazu, sehr schlau:
Täglich abends Tagesschau!

Nun ins Ausland: Konferenzen!
(Poker-Spiele ohne Grenzen).
Bißchen Terror da und dort.
Falls vorhanden, auch ein Mord,
Katastrophen und Verhau:
Täglich bringt's die Tagesschau.

Interviews mit Funktionären
(ganz genau im Ungefähren),
Moden, Messen und Verkehr,
Wirtschaft, Sport und manches mehr.
Dann das Wetter (meistens mau!):
Unsere tägliche Tagesschau!

Die tägliche Mattscheibe

Na ja, dann woll'n wir wieder mal:
Was steckt'n heute im Kanal?
Die Tagesschau. Na, immer's gleiche!
Is auch im Zwoten keine Leiche?
Ach nee, da läuft jetzt grad . . . ach, nett:
'ne Fernseh-Show! Mit Hüpfballett!
Du, Mutti: Bring 'n Bierchen, bitte . . .
und wenn du aufstehst, schalt' aufs Dritte!
Au weih, schon wieder Diskussion!
Bloß weg damit – wer will das schon?
Ah jetzt: Das könnt' man ja mal sehen.
Wie die bloß so'n Tierfilm drehen?
Was? Schon zu Ende? So'n Mist!
Mal seh'n, was nu geboten ist.
Mir ist bloß eins noch nicht ganz klar:
Kein Krimi heut'? Kein Kommissar?
Kein bißchen Spannung? Gar kein Mord?
He, Mutti, schalt' mal um auf Sport.
Mal sehn, was se danach noch ham . . .
'n Auslandsfilm im Spätprogramm . . .
im Ersten der Kulturbericht . . .
nee: So'n Quatsch doch wirklich nicht!
Bei so was wirste ja nicht froh,
nee, schalt' mal wieder um auf Zwo!
Na ja: 'n Quiz. Und dann 'n Western.
Scheint spannender als der von gestern.
Bloß: Abgeseh'n von den paar Toten

war heut' mal wieder nischt geboten.
Das meiste war doch großer Stuß.
He, penn' nicht, Mutti: Sendeschluß!
Es gibt nix mehr – Programm is alle.
Na komm' schon, geh'n wir in die Falle!

Die tägliche Mattscheibe

Die nackte Wahrheit

Allmählich macht der Massensex
in Wort und Bild dich ganz perplex.

Allmählich wird kein Mensch mehr heiß
beim Anblick all der Nackedeis.

Allmählich wirkt nur fad statt geil
der Busen und das Hinterteil.

Weil das die nackte Wahrheit ist:
En masse wirkt halt fast alles trist.

Prost Mahlzeit!

Keiner darf mehr

Man lädt sich wen zum Essen ein,
kauft für die Gäste besten Wein
und plant ein Mords-Menü
und gibt sich alle Müh'.
Fünf Gänge stehen auf dem Plan.
Nun, liebe Gäste, fanget an:
Von Vorspeis' bis Dessert.
Doch äußert da gleich wer:
Er hätt' es leider mit dem Magen
und könnt' ein Häppchen nur vertragen.
Ein zweiter nur zu gerne tät' es,
doch leider hat der Diabetes.
Ein dritter klagt: Heut' sei's zu spät –
seit gestern hält er streng Diät.
Bei einem andern ist's die Galle.
Und viel zu dick sind sie ja alle . . .
und Wein? Ach bitte: Lieber nein!
Sie wissen ja: Der Führerschein!
Das nächstemal – Schockschwerenot –
gibt's Selters nur. Und Knäckebrot!

Verdruß bei Tisch

Der Gast verlangt die Speisekarte
und wählt, damit er nicht lang warte,
schnell das Menü. Doch kaum bestellt,
liest er, daß er fürs gleiche Geld
(er merkt's halt leider nur zu spät)
sein Leibgericht bekommen tät.
Und schon wird das Menü serviert.
Der Gast fühlt sich fast ausgeschmiert
und schwört sich heimlich beim Dessert,
hier esse er bestimmt nie mehr.
Und wehe, wenn's der Ober wagt
und ihn, ob es geschmeckt hat, fragt.
Dann knurrt er mürrisch nur ein Jein:
»Es hätte können besser sein!«
Er hat damit in etwa recht –
nur: Nicht das Essen war so schlecht,
nein, seine Laune war's vielmehr
(schon vor- und nicht erst hinterher),
und leider findet, wenn verdrießlich,
man selbst das Beste ungenießlich.
Hätt' er das andre nicht gelesen,
wär' das Menü sehr gut gewesen!

Gut und viel

Da schwärmen oft arge Tafel-Banausen
vom Gasthof zum Ochsen in Hinterhausen:
»Dort gibt es Portionen, sooo riesig und groß!
Ja wirklich, da ißt man halt immer famos!«
Mir scheint, wer so spricht, dem fehlt es an Stil:
Nur Fresser verwechseln stets gut mit viel.

Nachwirkung

Hat einer schon zwei Stunden nach dem Essen
total den ganzen Speisengang vergessen
und keine Ahnung mehr, was er vor kurzem aß ...
na ja, dann war's ein Durchschnittsmahl –
vielleicht auch bloß ein Fraß.
Hat man dagegen wirklich gut gespeist,
verdaut man lang daran – und auch im Geist!

Fein und unfein

Nichts gegen feine Tischkultur
und gute Eßmanieren,
doch kann der Mensch nicht immer nur
hochherrschaftlich dinieren.

Man möchte halt mit voller Kraft
sich dann und wann mal trauen,
ganz ungeniert (fast flegelhaft)
wenn's schmeckt, hineinzuhauen.

Und außerdem (und nicht nur mir)
schmeckt manchmal fast noch besser
ein Achtel Wurst aus dem Papier
und mit dem Taschenmesser.

Gäste-Reste

Wie schön, wenn du mal einen Gast
bei dir zu Haus zum Essen hast!
Und sind's der lieben Gäste zwei,
dann ist da auch noch nichts dabei.
Ja, seien es selbst drei bis vier:
Na und – was macht's? Das schaukeln wir.
Doch sollt' man lieber nicht in Massen
noch mehr Besucher kommen lassen.
Weshalb? Weil: Mit der Zahl der Gäste
wächst auch die Menge aller Reste,
und alles, was kein Gast mehr zwang,
frißt man dann selber – tagelang!

Zwei Paar Stiefel

Herr Dings, ein echter Vogelfreund,
ist sauer auf die Katze,
die oft durch seinen Garten streunt:
Die ist hier nicht am Platze!

Daß dieses Biest gern Vögel frißt:
Herr Dings sieht's mit Bedauern
und pflegt – obschon sonst Pazifist –
der Katze aufzulauern.

Doch selber find't er nichts dabei
(und niemand wird's ihm wehren),
zum Schmausefest der Kirchenweih'
ein Gänslein zu verzehren . . .

Alltags-Appetit

Die Spaghetti und Pizzen schmeckten nicht schlecht.
Die Cevapcici waren uns durchaus recht.
Man aß auch gern Dolmas, Paella, Kus-Kus
und Kebab und Meze und Bouillabaisse-Mus,
Tortillas, Gazpacho sowie Calamares
und Djuvec und Rivanz' und sonst noch manch Rares.
Doch nun, nach dem Urlaub, wird's schleunigst vergessen:
Jetzt freut man sich wieder auf heimisches Essen
und findet selbst Schlichtes nun sehr delikat –
wie Bratwurst, garniert mit Kartoffelsalat.

Schwache Hoffnung für Dicke

Vielleicht erfindet irgendwann
und irgendwo ein kluger Mann
ein Salz, mit dem man nicht nur würzt –
nein: auch die Kalorien kürzt,
vielmehr: Wenn damit angerichtet,
sind sie zur Gänze fast vernichtet.
Tjaja – es wär' halt halb so schwer,
gäb's keine Überpfunde mehr.

Schwache Hoffnung für Dicke

Alles für die Gesundheit

Das gute Essen? Macht doch dick –
und Überpfunde sind nicht schick.
Der Alkohol? Sei dir im klaren:
Der Leber drohen da Gefahren.
Und rauchen? Pfui, du Lasterknecht:
Man weiß es doch – das ist ganz schlecht!
Kaffee und Tee? Mach' keinen Scherz:
Denk' an den Blutdruck und das Herz
und meide auch die Süßigkeiten,
sonst kriegst du Zucker schon beizeiten.
Iß Weizenkeime, möglichst roh –
nur so wirst du des Lebens froh.
Auf daß dein Darm gesund verdaut:
Trink Kräutertees zum Sauerkraut.
Geh' früh zu Bett, steh' zeitigst auf,
mach' täglich deinen Dauerlauf,
verschmähe Fleisch und Fett und Zucker,
leb' kärglich wie der ärmste Schlucker,
dann bleibst du – so Gott will – gesund
und kommst nicht physisch auf den Hund.
So wirst du neunzig und noch mehr,
so gibt dein Leben lang was her.
Genieße es in vollen Zügen . . .
und viel Vergnügen!

Fremde Speise nach der Reise

Im Urlaub hat man was entdeckt,
was anderswo ganz köstlich schmeckt.
Man hat begeistert das Rezept
samt Zutat gleich nach Haus verschleppt.
Dort kocht man's, lädt sich Freunde ein
und schwärmt schon vorher: Köstlich! Fein!!
Doch siehe da: Das Fremdgericht –
es schmeckt den Freunden kaum bis nicht.
So geht's halt oft, wenn fremde Speisen
für uns nach schönen Urlaubsreisen
voll der Erinnerungen stecken:
Die kann ein andrer halt nicht schmecken . . .

Wohl bekomm's!

Zwar weiß er nicht, aus welchem Grund,
doch instinktiv frißt nie ein Hund,
solang was seinen Zorn erregt –
er wartet, bis sich's wieder legt.

Der Mensch jedoch würgt munter
den Ärger mit hinunter,
um dann erstaunt zu klagen,
es liege ihm im Magen.

Und die Moral von dem Gedicht:
Man speise froh und heiter,
in Ruhe, und so weiter –
und andernfalles lieber nicht!

Flüssige Nachspeise

Bekanntlich (juppheidi-heida!)
wirkt Schnaps recht gut bei Cholera.
Weit öfter braucht man ihn indessen
als Schlußpunkt nach dem guten Essen.
Ob er nun Himbeergeist
oder Weinbrand heißt,
ob's ein Bitter sei
oder Likör mit Ei,
ein weicher, ein harter,
ein herber, ein zarter,
ein süßer, ein klarer,
ein bekannter, ein rarer:
Das kommt auf die Geschmäcker an,
wobei man ja auch wechseln kann.
Doch soll's – man präge sich das ein –
nur einer (und ein kleiner) sein,
damit man gut und schnell verdaut.
Wer säuft, hat sich den Tag versaut.

Von Chefs,
Kollegen und anderen
Arbeits-Freuden

Lehrstellengesuch

Biete:

Mensch, der wenig weiß
und nicht maßlos ist im Fleiß,
doch im Oberstübchen helle,
denkt auch selbst mal auf die Schnelle,
kurz: Ein ausgefuchster Hund,
stinknormal und ganz gesund.

Suche:

Stelle für die Lehre
(aber keine gar so schwere),
wo man auch als Mensch und Mann
noch was profitieren kann,
wo's auch hinhaut mit dem Lohn . . .
und am liebsten mit Pension!

Feierabendlied

(sehr frei nach Matthias Claudius)

Der Meister ist gegangen.
Auch die Gesellen sprangen,
kaum daß es fünfe war.
Nur einer bleibt und kehret
so, wie man's ihn gelehret,
den Werkstattboden wunderbar.

So war's in früher'n Zeiten –
man kann es nicht bestreiten.
Doch heute? Leute – nein:
Der Lehrling soll nur lernen
und nicht den Dreck entfernen
und kein Ersatz für Putzfrau'n sein!

Ein Tip für Mimosen

Wer's nicht verträgt, daß jemand es wagt
und ihm, was er falsch gemacht hat, auch sagt,
wen jede Kritik von vornherein kränkt,
wer von sich selbst nur das Beste denkt
und meint, im Falle eines Falles
wisse und könne er eh schon längst alles
und beherrsche das Ganze aus dem Effeff:
Ein solcher wird wohl am besten gleich Chef.

Der ideale Chef

Er ist unendlich gut,
gerät niemals in Wut,
ist nie ungerecht
und spricht nie schlecht.
Er ist nie erstaunt
oder schlecht gelaunt,
aber immer dein Freund,
der's nur gut mit dir meunt!
Er lobet dich täglich
schiergar unsäglich,
er hat immer Geduld,
er sagt nie, du sei'st schuld,
und am Freitag um zwei
gibt er dir frei
und sagt, du kannst geh'n
bis am Montag um zehn.

Tja – d i e s e n Chef hätt' jeder gern.
Nur müßt' der erst geboren wer'n!

Der ideale Mitarbeiter

Er ist intelligent
doch nie renitent,
bieder und brav,
aber trotzdem kein Schaf.
Nie kommt er zu spät,
ist der letzte, der geht,
macht niemals Pfusch
und immer kusch,
begreift sofort,
folgt stets aufs Wort
schafft freudig für zwei
stets einwandfrei,
und ist trotzdem stets heiter
undsoweiterundsoweiter.
Kurzum: Der »Ideale« ist
ganz anders, als du selber bist.
Er kennt nur Arbeit, Eifer, Pflicht –
zum Glück gibt's so ein Rindvieh nicht.

Arbeitnehmers Abendgebet

Der Tag war schwer – nun leg ich mich zur Ruh,
die mir die andern untertags nicht gönnen.
Ich schließe meine müden Augen zu –
froh im Bewußtsein, daß mich alle miteinander können!
Schenk' mir im Schlaf, mein lieber Gott, viel Kraft,
denn sicher wird's auch morgen ekelhaft.
Laß mich (und auch den Chef) recht gut gelaunt erwachen,
verschone uns vor gar zu komplizierten Sachen
und laß – du wirst mich sicher schon verstehen –
den Rest der Woche möglichst schnell vergehen.
Mach' bitte, daß ich frisch und fromm
bald zur Gehaltserhöhung komm',
die andere schon längst bekamen.
Das wär's für heut'. Bis morgen! Amen!

Warum

Warum nur wird kein Mensch als Meister gleich geboren?
Warum fängt jeder ganz von vorne an?
Warum hat man's nicht faustdick hinter'n Ohren?
Warum muß man erst lernen, bis man's kann?

Warum hast du nur einen kleinen Wagen?
Warum reicht eigentlich das Geld fast nie?
Warum belästigt man dich stets mit blöden Fragen?
Warum braucht Arbeit so viel Energie?

Nun ja – so ist es halt. Hier wie in andern Ländern.
Nimm es zur Kenntnis, aber nimm es nicht zu schwer.
So ist es halt, und leider nicht zu ändern,
auch wenn es andersrum viel angenehmer wär'!

Der beste Beruf

Der Luftschloßerbauer und Traumgarnspinner
hat im Grunde genommen ja völlig recht:
Der beste Beruf wäre Lottogewinner –
nur sind halt die Chancen verteufelt schlecht.

Arbeitszeitverkürzung

Wir leben besser als der liebe Gott
in dieser heutigen Epoche.
Denn in der Bibel steht – ganz ohne Spott! –
nichts drin von der Fünftagewoche:
Sechs Tage lang war Gott am Tun –
und erst am siebten konnt' er ruh'n.

Verzeihung!

Macht dein Chef dich mal zur Schnecke,
ohne daß du weißt, warum:
Denk' dir, daß er dich wo lecke,
aber nimm's nicht weiter krumm.
Sei nicht sauer oder kleinlich,
war es auch von ihm nicht nett,
denn auch der kriegt höchstwahrscheinlich
mal ganz ohne Grund sein Fett.

Verzeihung!

Was nicht ist . . .

Auch ein öberster Direktor
und ein Generalinspektor,
ein Hauptbuchhalter
und Formgestalter
und Oberverwalter,
auch ein Chefzuschneider
und Alleinentscheider,
ein Auslandsmonteur
und ein Meistercoiffeur
und selbst ein Herr von Karajan
fing irgendwann
als Niemand an.

Inhalt

Auf Entdeckungsfahrt in Bayern: zu technischen Raritäten und Kuriositäten

Helmut Seitz

Entdeckungsfahrten in Bayern

Technische Raritäten von Anatomie bis Zahnradbahn
212 Seiten mit 40 Fotos des Verfassers.
Paperback. DM 24,–

»Kennen Sie die älteste Pipeline der Welt? Oder das „doppelte Lottchen"? Haben Sie schon einmal von den „Weltraum-Schwammerln von Raisting" gehört? Wissen Sie wo Deutschlands älteste Schmalspurbahn – natürlich in Bayern – noch immer verkehrt oder wo zum Beispiel 150 historische Nähmaschinen zu bewundern sind? – Dann schlagen Sie dies entzückende Buch auf, das Sie zu „Entdeckungsfahrten in Bayern" nicht nur einladen, sondern auch begeistern möchte. In der Tat: In Wort und Bild ein vielseitiger und überraschender „Reise-(ver)führer"!
Wann sind die Sehenswürdigkeiten geöffnet? Wie kommt man hin? Was gibt's denn sonst noch alles in der Nähe zu sehen? Auch alle diese Fragen werden hilfreich und vollständig beantwortet. Zwei Übersichtskarten zeigen, wo die „technischen Raritäten" abseits der großen Straßen zu finden sind.
Verraten Sie aber niemanden, woher Sie Ihre erstaunlichen Kenntnisse haben! Man wird Sie beneiden!«

Sonntagsblatt

Preisänderungen vorbehalten.

Ehrenwirth Verlag München

Das Zwerchfell ist in Gefahr ...

Franz Ringseis
Der bayrische Witz
1000 Witze in einem Band. 4. Auflage. 480 Seiten.
Pbck. DM 26,–.

Dem „Volk aufs Maul geschaut" hat der Autor und
gesammelt, gesammelt und aufgezeichnet. Über tausend
bayerische Witze kamen so zusammen. Es ist unbestrit-
ten nicht nur das größte bayerische Witzbuch, sondern
auch eine ganze Apotheke gegen schlechte Laune und
Trübsinn. Hat man erst einmal angefangen darin zu
blättern, möchte man nicht mehr aufhören und wenn
einem die Tränen vor Lachen über das Gesicht laufen.
Fränkisches Volksblatt

Über tausend Witze auf einen Schlag, das ergibt mit
Sicherheit das größte bayerische Witzbuch.
»Ein Prachtbuch. Ringseis trifft den Tonfall so gut, daß
auch für „Zuagroaste" jede der Pointen verständlich ist.
In „mittlerer" Mundart, das heißt in „gemildertem
Bayrisch", geschrieben, eignet sich das Buch mithin
auch für „Preißn", die seltsamerweise recht gut darin
wegkommen. – Alles in allem eine Sammlung, die längst
fällig war, die sich sehen lassen kann, die sich vorzüg-
lich liest, die bayerische Lebensart und bayerisches
Wesen spiegelt, daß es eine wahre Freude ist ...«
Münchner Stadtanzeiger

Preisänderungen vorbehalten.

Ehrenwirth Verlag München

Lauter merkwürdige Geschichten

Franz Ringseis / Josef Meier O'Mayr
Nachrichten aus Nechnüm
Merkwürdige, denkwürdige und unwürdige Geschichten
120 Seiten. Pbck. DM 14,80

Kein Geringerer als der berühmte bairische Dichter
Franz Ringseis sowie ein etwas rätselhafter Josef Meier
O'Mayr (zahllosen Zeitungslesern allerdings nicht unbe-
kannt) zeichnen verantwortlich für all die merkwürdigen,
denkwürdigen und unwürdigen Begebenheiten, die hier
als Nachrichten aus der Stadt Nechnüm (wer kennt sie
nicht, auch wenn sie kopfsteht?) versammelt sind.
Da bringt einer Fische zum Lachen, und die Abstim-
mung über die Abstimmung zur Tagesordnung bean-
sprucht die Gesamtdauer einer Konferenz; da begegnet
man einem Invaliden, der seinen eigenen Rollstuhl
schiebt, sowie – des Nachts – einem (seinem?) Mörder.
Da wirken Kopftransplantationen quasi nach Katalog
ebensowenig ungewöhnlich wie der Entschluß, das Auto
eines Nebenbuhlers kurzerhand und bis unters Dach
auszubetonieren. Das alles und viel mehr geschieht in
Nechnüm. Wer Sinn für skurrilen Humor hat, wird nicht
genug davon erfahren können.

Preisänderungen vorbehalten.

Ehrenwirth Verlag München

Eine abenteuerliche Reise von Ost nach West

Klara Fehér
Vier Tage im Paradies
Roman. Aus dem Ungarischen von Friederika Schag.
136 Seiten. Ln. DM 22,–.

Andris und Juli, Eheleute in mittleren Jahren, in Ungarn
lebend und leidenschaftliche Reisefans, wollen eigent-
lich ihren Urlaub diesmal auf Sizilien verbringen. Doch
ein Brief aus Paris ändert ihre Pläne. Andris Jugend-
und Studienfreund Gérard Salin lädt die beiden ein, in
Korsika, dem langjährigen Sommersitz der inzwischen
zu Wohlstand gelangten Arztfamilie, ihre Ferien zu ver-
bringen. Von Budapest bis Nizza, quer durch West-
europa, als Autoreisende mit wenig Geld, erleben Juli
und Andris Städte und Menschen mit dem frischen und
unverstellten Blick des Außenseiters, mit Humor und
Selbstironie. Wie in einem Brennspiegel werden Erleb-
nisse und Einsichten, Erfahrungen und Enttäuschungen
gesammelt – Erfahrungen mit einer Gegenwelt, einer
sicheren und reicheren, in der das Leben sich leichter
und sorgloser zeigt – wenigstens nach außen hin. Freilich
wird nicht übersehen, daß und womit dieses scheinbare
Paradies bezahlt werden muß.

„Ein kluges, menschliches und sympathisches Buch, das
mit viel Einfühlungsvermögen und geistreichem
Charme geschrieben worden ist."

Preisänderungen vorbehalten.

Ehrenwirth Verlag München

Ein unübertroffener „Sprachforscher"

Otto Kuen
Da taat a dar aa stinka
Bairisch für Fortgeschrittene.
Zeichnungen von **Ernst Hürlimann**.
144 Seiten. 11 Abb., Ln. DM 24,–.

Dieses neue, grundlegende „Sprachlehrbuch" des Bairi-
schen kann allen Bayern zur Bewußt- und Selbstwer-
dung und Regenerierung des Sprachgefühls, allen Nicht-
bayern, um Zugang zur bayerischen Seele und Sprache
zu gewinnen, nur wärmstens empfohlen werden. Der
Autor ist ein gebürtiger Münchner. Seit den griechischen
Befreiungskriegen werden die Bayern mit dem griechi-
schen Y geschrieben. Dieses Y nimmt denn auch einen
bevorzugten Platz in Kuens Lautschrift ein, der sich mit
seiner „gelahrten" Abhandlung als ein wahrhafter
Philologe, ein „Freund des Wortes", erweist. Wer ihr
getreulich folgt, wird schnell merken, was für eine „Sau-
arbeit" der Autor sich hier unterzogen hat, und er wird
nach humoriger Einstimmung mit Hilfe der „Stükkln
zum Lesn" und des anschließenden Glossariums bald
seine Reifeprüfung in der bayerischen Sprache ablegen
können. Die „Lektionen" sind von den treffenden Zeich-
nungen des unverwechselbaren Ernst Hürlimann
begleitet.

Preisänderungen vorbehalten.

Ehrenwirth Verlag München